T0203418

LA META ES EL AMOR

LA META ES EL ES EL **AMOR**

CÓMO TRIUNFAR EN EL **NOVIAZGO**, EL **MATRIMONIO**, Y EL **SEXO**

RELATIONSHIPGOALS

MICHAEL TODD

con Eric Stanford

ORIGEN

Penguin
Random House
Grupo Editorial

Título original:
Relationship Goals: How to Win at Dating, Marriage, and Sex

Esta traducción es publicada bajo acuerdo con WaterBrook,
sello editorial de Random House, una división de Penguin Random House LLC

Primera edición: marzo de 2021

© 2020, Michael Todd
© 2021, Penguin Random House Grupo Editorial USA, LLC
8950 SW 74th Court, Suite 2010
Miami, FL 33156

Traducción: María José Hoft
Adaptación del diseño de cubierta de John Vinnet: Penguin Random House Grupo Editorial
Fotografía de cubierta: Graceson Todd
Fotos del capítulo I: Cortesía del autor (archivos personales)

Todas las citas bíblicas, a menos que se indique lo contrario, fueron tomadas de la Santa Biblia,
NUEVA VERSIÓN INTERNACIONAL® (NVI)® © 1999, 2015 por Biblica, Inc.®, Inc.® Usado con
permiso de Biblica, Inc.® Reservados todos los derechos en todo el mundo. Otras versiones
utilizadas son: Nueva Traducción Viviente (NTV), © Tyndale House Foundation, 2010. Todos los
derechos reservados; Versión Reina-Valera 1960 (RVR60) © Sociedades Bíblicas en América
Latina, 1960. Renovado © Sociedades Bíblicas Unidas, 1988.

Los detalles de algunas anécdotas han sido cambiados para proteger
la identidad de las personas involucradas.

Impreso en Estados Unidos / *Printed in USA*

ISBN: 978-1-64473-310-3

21 22 23 24   10 9 8 7 7 6 5 4 3 2 1

No sabría nada sobre relaciones si no fuese por mi hermosa esposa Natalie. Ella me dio la gracia para convertir al niño que yo era en hombre, esposo y padre, en su pastor y su mejor amigo. A diario me perfecciona su pasión por cultivar en nuestra familia lo que Dios la ha llamado a ser, y estoy eternamente agradecido a Él por confiármela a ella.

Nat, de toda la raza humana,
verdaderamente eres mi más alta meta.

ÍNDICE

LA META ES EL AMOR

1 APUNTÁNDOLE AL BLANCO

El plan de Dios, el plan de Dios.
No puedo hacerlo por mi cuenta.

—DRAKE, «God's Plan» [El plan de Dios]

El *hashtag* #RelationshipGoals ha sido tendencia en todo el mundo desde hace años. Si lo buscas en las redes sociales, encontrarás imágenes de parejas famosas posando en lugares exclusivos, capturas de películas románticas de la escena en la que el chico consigue a la chica, parejas tiernas besándose en la playa o abrazados en una cama, o una pareja sosteniendo globos en el parque y dando la impresión de que su relación siempre ha sido pura felicidad. Cuando la gente comparte estas imágenes con ese *hashtag*, ¿qué está diciendo? Está diciendo: «¡Quiero una relación como esa!». Kim y Kanye, Jay y Bey, el príncipe William y Kate, Will y Jada, o alguna pareja de desconocidos se ven muy bien en una fotografía viral, y podemos obsesionarnos fácilmente con esas imágenes aparentemente perfectas, y comenzar a idolatrarlas e idealizarlas.

Claro que tal vez nunca has visto el *hashtag* #RelationshipGoals en internet ni lo has utilizado en una publicación. Pero si te pidiera que pensaras en la clase de relación que quieres, ¿se te viene a la mente una imagen ideal? Quizás una imagen tuya con un deportista profesional alto y apuesto que te lleve de compras. O tal vez tú junto a una muchacha ruda como Cardi B, pero con un lado dulce como Carrie Underwood. ¿Él es una persona que sabe escuchar, tiene un estilo clásico como George Clooney y un empleo que paga las cuentas de ambos? ¿Ella cocina como tu mamá y se emociona tanto como tú cuando tu equipo gana?

Ahora, si te preguntas: «¿Qué hay de malo en eso?», déjame decirte que, quizás, las relaciones son algo más que lo que la cultura popular nos ha enseñado o que lo que nuestra imaginación ha soñado. Tal vez nuestra sociedad nos vende una ilusión de relación íntima que es más bien un espejismo: si te acercas más, te darás cuenta de que es absolutamente irreal. Quizás las cosas que solemos admirar están construidas sobre fundamentos inestables, y están destinadas a derrumbarse con el tiempo. Pero, también, tal vez haya algunas verdades que debamos descubrir acerca de por qué es tan importante la conexión humana y cómo podemos lograrla.

> **LAS RELACIONES SON ALGO MÁS QUE LO QUE LA CULTURA POPULAR NOS HA ENSEÑADO O QUE LO QUE NUESTRA IMAGINACIÓN HA SOÑADO.**

Así lo creo yo, y ese es el motivo por el que escribí este libro… acerca de las *verdaderas* metas del amor.

POR QUÉ NUESTRA GENERACIÓN ESTÁ TAN DESORIENTADA

Permíteme retroceder rápidamente en el tiempo a través de algunas fotografías de mi vida para que me conozcas, ¿de acuerdo?

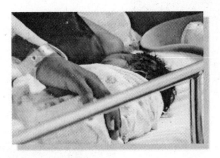

Ese es Mikey bebé en su cuna. Nació en 1986, en Tulsa, Oklahoma. ¿No es tierno?

Esta es una foto de toda mi familia cuando yo era pequeño: mamá y papá con sus cuatro niños llenos de energía, menos mi hermano menor, Graceson, que llegó más tarde de forma inesperada. ¿Cómo pudieron sobrevivir con todos nosotros y seguir casados hasta el día de hoy, después de cuarenta años? No tengo idea.

Aquí estoy yo tocando la batería en la iglesia, el lugar donde pasé la mayor parte de mi infancia. Por lo tanto, *sabía* qué era lo correcto desde una edad temprana; solo que desearía haber *hecho* lo correcto más a menudo.

Este soy yo de gira con el gran Wayman Tisdale, cuando pensaba que sería el próximo Tony Royster Jr. (Búscalo, es increíble).

Esta es una foto de la chica más hermosa del mundo la noche en que nos conocimos, pero hablaré de ella más adelante.

Este soy yo en la preparatoria Edison, donde me convertí en el primer afroamericano en ser el «Sr. Edison», un logro que fue una sorpresa para muchos, pero que significó el comienzo de mi reconocimiento como líder. Después de la preparatoria tuve seis meses de educación de alta calidad en el Tulsa Community College (no es necesaria una foto para mostrar esto).

Luego comencé un trabajo por mi cuenta. Así que este soy yo en el ministerio de adolescentes y jóvenes llamado So FLY (Sold Out Free Life Youth), donde comencé a enseñar, y donde descubrí, a través de muchas situaciones locas, que el libro que tienes en tus manos *tenía* que escribirse.

Y esta es una persona que influyó mucho en mi vida: el obispo Gary McIntosh, mi mentor en el ministerio, y el hombre que me dio la oportunidad de predicar. Allí, en 2015, él me encomendó el liderazgo de la iglesia que había fundado: Greenwood Christian Center (Centro Cristiano Greenwood), ahora conocido como Transformation Church (Iglesia Transformación).

Este soy yo en el escenario, haciendo aquello para lo que fui creado: representar la Palabra de Dios.

Bueno, eso es todo. No, espera. Permíteme rebobinar un poco más, porque quiero mostrarte algo que pasé por alto. De acuerdo, aquí está: una foto mía en el jardín de infantes. No tengo una foto del momento puntual, pero fue más o menos en esa época que di mi primer beso. Así es, ¡en el jardín de infantes! Construí adrede un muro de bloques durante el recreo, y luego le pedí a una niña llamada Sierra que viniera conmigo detrás de la pared para que no nos vieran los demás. Cuando lo hizo, la besé en la boca. (Sierra: si estás leyendo esto, te pido disculpas). Mi excusa es que solo tenía cinco años, pero las niñas ya eran algo fascinante para mí, solo que no sabía cómo comportarme con ellas.

Este pequeño viaje por la historia de Michael Todd me recordó algo loco: en todo ese tiempo, nadie me explicó nunca qué eran realmente las relaciones amorosas. Crecí en la Iglesia, pero nunca oí hablar mucho acerca del modelo bíblico de las relaciones sanas. Solo se mencionaba la mayor de todas las reglas (¿adivinas cuál?): «No tengas sexo hasta el matrimonio. Punto». Ese era el mensaje central que se predicaba acerca de las relaciones románticas. Luego estaba una regla que se recalcaba menos, pero que probablemente es igual de importante: «Ten amigos que no sean malas influencias». Y sí, eso es básicamente todo. No es muy extenso, ¿no? Estoy casi seguro de que también has oído esas reglas, pero ¿alguna vez has oído a alguien que explique cómo seguirlas o por qué deberías hacerlo?

A decir verdad, cuando la mayoría de las personas piensan en las relaciones amorosas, no piensan en absoluto en la Iglesia o en los cristianos como una posible fuente de sabiduría. Es triste. Pero, si somos honestos, tendremos que admitir que muchos creyentes han fallado en consolidar sus relaciones, así que no tenemos tantos buenos ejemplos como deberíamos. Son demasiados los salvados, los santificados, los amantes de la escuela dominical y los santos aplaudidores que mueren solos. También son muchos son muchos los predicadores que viajan por el mundo para ejercer el ministerio, pero viven matrimonios frustrados y no tienen amigos reales. No es ningún secreto que la Iglesia no ha hecho muy buen trabajo en lo que se refiere a confrontar los asuntos de la vida real. A muchos de nosotros no nos queda otra opción que dejar que nuestros gurús en las relaciones sentimentales sean las películas, los programas de televisión, ese primo que trae una novia nueva cada Día de Acción de Gracias y ese montón de famosos de Instagram que se toman fotos con filtros.

Si eres como yo, apuesto a que Cory y Topanga (de la serie *Aprendiendo a vivir*) te enseñaron más de las relaciones románticas que tu pastor de jóvenes. Tal vez esté delatando mi edad (¡arriba los bebés de los 80!), pero debo admitir que comencé a moldear mi idea de cómo conquistar a una mujer viendo al príncipe de Bel-Air hacer el ridículo al decirle a cualquier chica: «Nena, debes estar mareada, porque has estado dando vueltas en mi cabeza tooodo el día». De la misma forma, las discusiones de Martin y Gina (de la serie *Martin*) eran mi referencia de lo que debía ser la comunicación normal.

Déjame advertirte que algunas de las cosas que leerás en este libro no suelen decirse en otros libros de pastores cristianos. Creo que la verdad se descubre cuando destapamos las mentiras; por eso vamos a confrontar la realidad de las relaciones amorosas de hoy con la verdad de la Palabra de Dios sobre cómo debemos vivir con relación a los demás. La Biblia, de hecho, es la mayor fuente de sabiduría en lo que se refiere a las relaciones, y es hora de que comencemos a aplicarla a estas tal como son realmente. En Aquel que

ES HORA DE QUE COMENCEMOS A APLICAR LA SABIDURÍA A LAS RELACIONES TAL COMO SON REALMENTE.

nos creó y nos conoce hallamos esperanza para mejorar las relaciones de las personas que, como yo, crecimos desorientadas.

Sin embargo, tal vez tu experiencia es contraria a la de la mayoría y sí tienes relaciones sanas a tu alrededor, en vivo y en directo. Aun así, quizás nunca has podido descifrar cómo deben encajar las piezas para hacer que ese antiguo y hermoso reloj funcione para ti. Puede que la perfección que percibes en la relación de otro haya ejercido en ti una presión dañina o te haya hecho albergar expectativas demasiado altas, y que ahora sientas un deseo ansioso de acelerar el proceso. Estoy aquí para decirte que también hay esperanza para ti.

Tal vez algunos adhieran a la creencia que no tiene sentido intentar siquiera tener una relación sana y próspera. No puedo culparlos, cuando todo lo que vemos son estadísticas de la altísima tasa de divorcios, o las incontables separaciones de las celebridades registradas en los periódicos. La verdad más triste es que estas mismas tendencias también están presentes en la Iglesia. Muchas personas que, supuestamente, aman a Jesús, piensan que es normal y que está bien que la gente haya tenido más relaciones sexuales que autos (y sabes que tienes uno nuevo cada pocos años). Eso es lo que sucede cuando tu única opción es buscar un noviazgo para pasar «buenos momentos» en lugar de buscar un matrimonio fiel al pacto.

Ahora, no me malinterpretes, no estoy aquí para juzgar (como dice la canción de Tupac: «Solo Dios puede juzgarme»). Estoy aquí para intentar ayudarte. Creo que Dios me dio un manual y una plataforma para ayudar a todos y cada uno de nosotros a *triunfar en las relaciones*. No importa si actualmente estás soltero, casado, de novio, divorciado, cortejando, buscando, esperando, sediento, acechando, jugando o si todo te resulta complicado. Tampoco se trata solamente de las relaciones románticas, aunque hagamos énfasis en ese tipo de relación. ¿No te gustaría conocer principios que puedas utilizar en la relación con tu hermana, tu abuela, tu jefe, tu hermano, tu mejor amigo y cualquier otra persona cercana a ti?

Estamos a punto de embarcarnos en la montaña rusa de las relaciones y, créeme, este no es un libro que querrás dejar a mitad de camino. Creo que Dios te va a traer sabiduría y revelaciones a través de estas páginas que estás a punto de leer y que van a transformar tu vida relacional.

Pero, primero, debes tener la seguridad de que cuando te digo algo, es porque Dios ya me ha llevado a mí por ese camino. Entonces, regresemos a la chica más hermosa del mundo de la que te estaba hablando antes.

MI PROMESA:
LA MANTENDRÉ AL CIEN POR CIENTO

Conocí a Natalie, mi esposa, en la fiesta de cumpleaños de un amigo en común el 14 de diciembre de 2001, en un centro recreativo. Yo tenía quince años y ella catorce. Ella entró con su largo cabello negro y un vestido del mismo color y me dije: «¡¿Qué?!» Nunca había visto algo tan exótico y hermoso.

Me hice esta promesa a mí mismo: «Esta noche voy a llamar su atención». Comencé a actuar como un completo idiota. Hice todo lo que pude para parecer interesante. Presumí, intenté hacerla reír, le mostré mis pasos de baile. A los quince, creía que tenía el juego completamente ganado, pero, la verdad, en el fondo tenía miedo de no ser suficiente para conquistar a esa hermosa chica.

Cuando estaba por irme de la fiesta, pensaba en cómo regresar a donde estaba Natalie para despedirme. En ese momento, ¡ella vino hacia *mí*! «¿Dónde está mi abrazo? ¿No me vas a dar un abrazo?», dijo ella. Ese abrazo fue para mí como el mejor beso del mundo.

Desde ese momento, comenzamos a salir y lo hicimos durante casi ocho años, excepto por un período de diez meses de

insensatez (hablaré más de esto en el próximo capítulo). Gracias a Dios, volvimos a estar juntos. Celebramos una boda por todo lo alto en el 2010. Ahora, fruto de nuestro amor, tenemos tres niños increíbles: Isabella, Michael Jr. («MJ») y Ava.

Sé que para algunos el hecho de que Natalie y yo nos hayamos conocido y casado tan jóvenes les parezca un ideal que ellos ya no podrán alcanzar, o los haga sentir que no nos parecemos en nada a ellos. Pero, incluso aunque haya sido más rápido que para otros, hemos atravesado todo el proceso de una relación, nos hemos equivocado y hemos aprendido de muchísimos errores a lo largo del camino. No somos perfectos, pero estamos mejorando. Te prometo que en este libro te contaré mis dolores y errores de manera fidedigna, y mantendré al cien por ciento esta promesa.

Además, como pastor, cientos de personas han venido a contarme sus problemas con el noviazgo, con la sexualidad y el autocontrol, con sus relaciones con sus novios o novias, con los padres o las madres de sus bebés, con sus esposos o sus esposas, etc. Con su permiso, contaré algunas de esas historias cambiando los nombres para proteger su privacidad, pero hablando de todo lo que han atravesado.

> **TENEMOS CADA VEZ MÁS RELACIONES, PERO MENOS AMOR; CADA VEZ MÁS SEXO, PERO MENOS INTIMIDAD.**

Vivimos en un mundo en el que hay cada vez más relaciones, pero menos amor; cada vez más sexo, pero menos intimidad. Cuando pienso en el dolor que he pasado y en el que he visto padecer a otros debido a las malas relaciones, no puedo esperar para contarte lo que la Biblia dice acerca de cómo deben ser las relaciones para minimizar el dolor y comenzar a beneficiarse con las recompensas. Para eso, debes tener una meta.

LOS CHICOS DE SEXTO GRADO
NO TIENEN METAS

Una *meta* es el resultado o el logro hacia el cual dirigimos nuestros esfuerzos. Sin la meta, ¿de qué sirve el esfuerzo? Imagina un arquero con un arco y una flecha; si no tiene un blanco al que apuntar, puede apuntar y disparar si quiere, pero la flecha no llegará a nada útil. Y ¿qué sentido tiene eso?

He notado que uno de los asuntos claves que les impide a las personas alcanzar sus metas en las relaciones es que no saben cómo apuntar. Eso me recuerda la época en que el comité de planificación de la secundaria tuvo la brillante idea de instalar urinarios en la pared del baño de varones del segundo piso. Solo diré que había una meta clara, pero la puntería estaba fallando.

Seguro puedes imaginar el resto de esa escena. Muchos desastres que limpiar y una situación desagradable para las personas que entraban. Eso también disminuyó los estándares de calidad para los demás. Estoy seguro de que el chico que entraba a ese baño, después de haber pasado varios, miraba el desastre, encogía los hombros y pensaba: «¿Qué sentido tiene apuntar?»

Esta escena es bastante similar a la percepción de las relaciones que tiene nuestra sociedad. La mayoría las ven caóticas y teñidas de un aroma persistente que nos dice dónde ha estado la persona y qué tanto ha errado el blanco. Cuando el daño ya está hecho, se han arraigado ciertas actitudes, nos robaron la inocencia, y muchas preguntas comienzan a inundar nuestra mente. *¿Es real el amor? ¿Hay relaciones que duren más de unos meses? ¿Qué sentido tiene intentar alcanzar esos objetivos?*

La verdad es que no tiene sentido tener una meta si no se intenta alcanzarla, pero tener una meta sin Dios es inútil.

Muchos de nosotros no tenemos claros nuestros objetivos con respecto a las relaciones. Aceptamos todo lo que viene. Hacemos lo que nos resulta más cómodo, pero no sabemos realmente hacia dónde vamos ni por qué.

EN LAS RELACIONES, NO SABEMOS REALMENTE HACIA DÓNDE VAMOS NI POR QUÉ.

¿No me crees? ¿Alguna vez conociste a una chica que salió con casi todos los chicos que mostraron interés en ella, sin detenerse a pensar qué clase de chico sería el adecuado? ¿O a una pareja que ha salido por un largo tiempo y se ha quedado tan cómoda allí que no avanza hacia el matrimonio? ¿O a un matrimonio que permitió que sus antiguas pasiones se convirtieran en un acuerdo empresarial para la crianza de los hijos y el mantenimiento del hogar?

No sientas que estoy intentando molestarte o encasillarte. No te conozco lo suficiente como para hacerlo. La verdad es que los principios bíblicos son inalterables, pero nosotros estamos en lugares diferentes y podemos tener distintas metas con respecto a las relaciones que no están dentro de los caminos que Dios ha establecido. Por eso, relájate y recuerda: no es necesario que tengas tu vida resuelta desde el comienzo. Tus metas en las relaciones podrían —y, de hecho, deberían— cambiar con el tiempo. Si has cometido un error, no estás arruinado; todos tenemos acceso a la redención celestial. ¡Si lo sabré yo!

Lo que yo pregunto es: ¿cuál es tu meta? Y lo que estoy proponiendo es que alinees tu meta con la que Dios tiene para las relaciones. Fija la meta y apunta bien para que la flecha de las relaciones en tu vida no se desvíe.

ROMPE TU LISTA

Entonces, tal vez eres de las persona que, por alguna razón, nunca ha establecido metas conscientes, y simplemente has caído en los surcos de las relaciones. Pero es más probable que tengas en mente algún tipo de objetivo, meta o indicador de éxito en lo referente a las relaciones. Eso es mejor. Aun así, aunque tengas objetivos, quiero que mantengas la mente abierta para identificar si esos son los objetivos *correctos*. Tal vez necesites volver a evaluarlos. Porque, mira, es posible que tengas un blanco *incorrecto* para tu flecha.

Digamos que estás soltero, listo para una relación, y que has hecho una lista de cosas que quieres que tenga esa otra persona. Una puede ser «que tenga como mínimo tal altura y que gane al menos tanto dinero», o «que tenga una cara bonita y una cintura pequeña». Esto nos muestra que la mayoría de nuestras listas tienden a ser un poco superficiales (o mucho), y pueden no reflejar lo que necesitamos realmente de una pareja, sino solo lo que queremos en ese momento. Te aseguro que la vida tiene una forma de cambiar, modificar y redefinir la forma en que luce el éxito en las relaciones para todos nosotros.

> LA VIDA TIENE UNA FORMA DE REDEFINIR LA FORMA EN QUE LUCE EL ÉXITO EN LAS RELACIONES PARA TODOS NOSOTROS.

Cuando estoy viajando por la carretera, suelo decirle a mi teléfono hacia donde quiero ir, y él me da las indicaciones para llegar. Pero el viaje solo se logra si pongo el destino correcto. Digamos que he planeado llevar a mi familia de vacaciones a Disney World, en Florida, pero en un descuido, accidentalmente, le digo a mi teléfono: «Gran Cañón». Y luego, sin pensarlo, sigo las indicaciones que mi teléfono me va dando.

¿Crees que llegaré al destino correcto? Por supuesto que no. Mis hijos estarán buscando a Mickey Mouse, pero todo lo que verán será un montón de rocas polvorientas. Además de eso, les garantizo que habrá decepción, expectativas frustradas, recursos desperdiciados y tiempo perdido.

A lo que quiero llegar es que muchos de nosotros estamos escribiendo nuestro propio destino en materia de relaciones, pero estas no son necesariamente las metas que deberíamos estar persiguiendo. Deberíamos seguir un plan (las indicaciones) que nos lleve a la meta (el destino) que en verdad queremos alcanzar.

Seamos honestos: muchos de nosotros hacemos planes que fracasan, incluso aunque parezcan muy buenos en su momento.

Hay caminos que al hombre le parecen rectos,
   pero que acaban por ser caminos de muerte
   (Proverbios 14:12).

He visto cómo se cumple este versículo muchas veces. Todo lo que parece recto no siempre lo es. Una persona que está aprendiendo esta lección es una joven llamada Sarah.

Cuando la conocí, no hace mucho tiempo, y hablé con ella acerca de su vida relacional, estaba un poco decaída. Aún estaba soltera y había pasado la edad en la que esperaba casarse.

—¿Dirías que tienes una idea clara del tipo de muchacho que quieres? —le pregunté para intentar ayudarla.

—Oh, sí. Y estoy comenzando a creer que ese es el problema.

Años antes, Sarah había redactado una extensa lista de requisitos para cualquier chico con el que saliera. Intenté mantenerme serio mientras ella me hablaba de esos requisitos. Solo compartiré algunos contigo:

- Que provenga de un hogar de padres no divorciados (eso elimina enseguida cerca de un tercio de la población).
- Que sea el dueño de un negocio exitoso (¡atención!, no solo que tenga un trabajo, sino que sea el dueño de un gran negocio).
- Que sea un predicador o que trabaje en el ministerio (¿un empresario exitoso y predicador?).
- Que haga chistes que la hagan reír.
- Que sea muy atlético.

Después de años de negarse a conocer hombres —o de dejar que la conocieran a ella— porque no cumplían con sus criterios, comenzaba a preguntarse si su lista no sería un poco irreal. *Sí, muchacha. Tal vez solo un poco.*

Es bueno tener objetivos para las relaciones. Eso es mucho mejor que dejar pasivamente que la sociedad, los medios o nuestra experiencia familiar nos enseñen cómo deben ser las relaciones. Pero también debemos estar seguros de que apuntamos a las metas correctas, metas que contribuyan a la vida a la que debemos dirigirnos. Para eso, debemos ir a la fuente de todo.

EL PLAN DE DIOS

Yo creo que la belleza de la vida es ser parte de algo mucho más grande que uno mismo. Ese es el plan de Dios.

Sé que puedes pensar que tu plan es maravilloso, pero, ¿qué pasa si hay un plan hecho para ti desde antes de que nacieras? Sí, me gusta eso: el plan de Dios fue hecho para ti *¡antes de ti!* Déjame demostrártelo.

Una vez, Dios le dijo al profeta Jeremías:

Antes de que nacieras, ya te había apartado;
te había nombrado profeta para las naciones
(Jeremías 1:5).

En otras palabras, Jeremías tenía una misión dada por Dios
aun antes de dar su primer respiro. Pero antes de que desestimes esto como un caso especial, déjame decirte que no son
solo los profetas u otras personas precisas las que tienen un
lugar en el plan de Dios. *Todos* tenemos propósitos innatos
dados por Dios.

Un apóstol dijo lo siguiente: «somos hechura de Dios, creados en Cristo Jesús para buenas obras, las cuales Dios dispuso
de antemano a fin de que las pongamos en práctica» (Efesios
2:10). ¡Tú eres una *obra maestra*! ¡Él tiene para ti *buenas obras*
para que las realices, y las planeó desde antes de que nacieras!

Voy a hablar mucho acerca del propósito en este libro.
Todos tenemos varios propósitos en la vida que realmente
creo que debemos cumplir. No son solo cosas que soñamos,
sino sueños que Dios ha plantado en nosotros. Y mis propósitos, sumados a los tuyos, sumados a los de millones de
otras personas, se combinan para crear el reino que Dios está
edificando. Desde esta perspectiva, lo que parece pequeño
(como mis sueños y aspiraciones o los tuyos) resulta ser realmente grande.

Entonces, debemos ver esto del propósito en un contexto:
el contexto de lo que Dios está haciendo. ¿Cuál es el propósito de Dios en las relaciones? ¿Qué reglas generales nos ha
enseñando acerca de las relaciones que necesitamos establecer
para hacerlo a su manera?

Nuestro incentivo es este: no todo depende de nosotros.
Dios nos instruye, nos guía y nos enseña cómo apuntar a los
blancos correctos en las relaciones.

Yo te instruiré, yo te mostraré el camino que debes seguir; yo te daré consejos y velaré por ti (Salmos 32:8).

Cuanto más busquemos a Dios, más descubriremos acerca de lo que quiere para nosotros y, así, desearemos alcanzarlo. Dios nos ayudará a encontrar el blanco correcto para las flechas de nuestras relaciones, y eso será mejor de lo que podamos encontrar en cualquier otro lado. Las opiniones culturales acerca de las relaciones son un blanco en movimiento. La cultura ve el matrimonio de una forma durante una década determinada; luego lo ve de otra manera en otra década. El termino *salir* solía implicar ir físicamente a algún lugar, pero ahora tenemos la expresión «Netflix y relajarse» [Netflix and chill], y no necesitas comprometerte con nadie para cruzar el límite hacia la intimidad.

DIOS NOS AYUDARÁ A ENCONTRAR EL BLANCO CORRECTO PARA LAS FLECHAS DE NUESTRAS RELACIONES.

Dios quiere que cada uno de nosotros tengamos relaciones exitosas, pero debemos tener un blanco que sea lo suficientemente estable como para poder apuntarle. Entonces, permíteme señalar que lo único que es inmutable, inquebrantable e inamovible es la Palabra de Dios. Isaías 40:8 nos dice: «La hierba se seca y la flor se marchita, pero la palabra de nuestro Dios permanece para siempre». Te voy a plantear un gran desafío: deja que la medida de tus relaciones sea la Palabra de Dios, aunque sea solo por el tiempo que te lleve terminar este libro. Veamos qué pasaría en nuestro corazón, en nuestra mente y nuestra vida si siguiéramos el modelo bíblico estable de las relaciones, en lugar de seguir nuestros propios sentimientos o los ejemplos de otras personas.

MIS OBJETIVOS, TUS OBJETIVOS, SUS OBJETIVOS

Mientras especulas acerca de tus metas para una relación, te verás tentado a comparar lo que tú quieres y necesitas en tus relaciones con lo que los demás quieren y necesitan en las suyas. Pero recuerda esto: todos tenemos objetivos diferentes. Tu edad, tu situación, tus experiencias y tu lugar en la vida son únicos. Te desafío a tomarte un tiempo para pensar realmente en tu individualidad y tu llamado especial, mientras oras y reflexionas en el objetivo al que vas a apuntar en tus relaciones.

Solo para mostrarte la diversidad de posibilidades que existen, te doy algunos ejemplos de objetivos:

- «Necesito terminar con mi novio abusivo, mudarme de su apartamento y pasar un tiempo sin salir con nadie. Necesito redescubrir quién soy y enfocarme en regresar a Dios».
- «Estoy muy acostumbrado a estar en múltiples relaciones por diversión, pero estoy cansado de relaciones vacías. Quiero un vínculo profundo».
- «Quiero encontrar una esposa que esté de acuerdo con viajar mucho y tener pocos ingresos porque estoy comprometido con una carrera como músico en una banda».
- «Quiero llegar al punto en el que pueda perdonar y reconciliarme con mi papá, para que mis hijos y yo podamos tener algún tipo de relación con él antes de que se muera».
- «Quiero liberarme de mi adicción a la pornografía y comenzar a vivir en el mundo real, en lugar de vivir una fantasía dentro de mi cabeza. He fallado en esto antes y sé que necesito que Dios me ayude».

- «Mi nueva empresa es muy grande. Me gustaría mucho encontrar algunos colegas aquí que sean creyentes como yo».

- «Siempre me he enorgullecido de ser independiente, pero últimamente me estoy dando cuenta de que necesito compañía y comunión».

- «Mi padrino dice que mi sobriedad está en peligro si continúo pasando el tiempo con amigos alcohólicos. Quiero conocer nuevas personas que sepan divertirse sin un vaso en la mano».

- «Realmente quiero comprometerme, pero tengo muchos miedos y muchos recuerdos de fracasos en el pasado. Necesito el coraje para pedirle matrimonio a mi novia y comenzar a guiarla a Cristo con firmeza».

- «Quiero encontrar un socio minoritario que comparta mis valores, y a quien pueda confiarle mis negocios cuando me jubile».

- «He causado tanto dolor en las vidas de otras personas que siento que no merezco una buena relación. Pero quiero intentarlo de nuevo».

- «Sé que solo soy una adolescente y que aún no he tenido una relación seria, pero siento que Dios me está llamando a ser madre de varios hijos. Necesito comenzar a tener sabiduría para prepararme para ese futuro».

- «Nuestra separación fue un error. Creo que ella lo siente tanto como yo, y sé que los niños también. Quiero buscar la forma de reconciliarme con ella y volver a intentarlo, esta vez, con Dios en medio de nuestro matrimonio».

- «Nunca tuve un ejemplo de padres piadosos, así que quiero comenzar a aprender qué significa eso antes de que nazca este bebé».

> **SI ACALLAS LOS GRITOS DE LA CULTURA, TAL VEZ PUEDAS COMENZAR A OÍR EL SUSURRO DEL ESPÍRITU SANTO.**

Entonces, ¿dónde estás *tú* en tu agenda de relaciones? ¿Estás comenzando a sentir que se forman nuevos objetivos en tu mente o en tu corazón? Si acallas los gritos de la cultura, tal vez puedas comenzar a oír el susurro del Espíritu Santo. Esa es mi oración para ti.

CÓMO TRIUNFAR EN LAS RELACIONES

¿Cuánto tiempo pasamos buscando establecer relaciones que serían un error si lo lográramos, intentando hacer que una mala relación funcione mejor o sanándonos de relaciones pasadas que se nos desbarataron encima? Desde la perspectiva de un pastor, a quien la gente lastimada le cuenta sus historias, puedo asegurarte que es una enorme cantidad de tiempo. ¿No sería mejor poner, en primer lugar, nuestra energía en tener las mejores relaciones posibles? Este mundo no es perfecto, no somos personas perfectas y nunca ninguna relación del mundo va a ser perfecta. Pero Dios nos ha dado la Biblia y la Iglesia para ayudarnos a triunfar en las relaciones. Él nos ayuda a encontrar los blancos correctos y a ajustar la puntería.

No tienes que escucharme si no quieres. Puedes seguir y envidiar en secreto las relaciones de otras personas (o lo que tú *crees* que son). O puedes crear tus propias metas basadas en deseos egoístas y probablemente irreales. Pero si haces eso, seguirás obteniendo los mismos resultados que has obtenido hasta aquí: angustia, desconexión y decepción. ¿Estoy en lo cierto?

Por el contrario, puedes enfocarte en nuevas metas para tus relaciones que te ayuden a cumplir tus propósitos en la vida y que te mantengan alineado con las verdades eternas de Dios. No importa tu edad, cuántas relaciones hayas tenido o cuál es tu estado actual, siempre *puedes* relacionarte de forma diferente. Solo necesitas las metas correctas, aquellas que te permitan obtener la victoria.

Dios es el verdadero y gran ganador en este universo. Si estás con Él, también serás un ganador. Establece las metas de tu relación de acuerdo con Dios y cumpliendo sus enseñanzas y encontrarás plenitud, no solo en las relaciones propiamente dichas sino en toda tu vida.

Antes te mencioné que mi relación con mi esposa Natalie no es perfecta, pero está en progreso. *Progresión, no perfección*, esta es una frase que decimos mucho en nuestra Iglesia, y creo que es adecuada para ti también mientras buscas establecer nuevas metas. Puede que te sientas bajo presión, pero es la presión necesaria para ponerse en marcha, *no* la presión porque todo salga bien a a primera de una vez.

{ **PROGRESIÓN, NO PERFECCIÓN.**

Puedes triunfar en las relaciones. No importa cómo sea tu caminar cristiano o si no estás seguro de tus creencias. Ya sea que estés corriendo a toda velocidad, trotando o apenas tambaleándote, sigue avanzando. Creo que Dios te llevará al lugar en el que debes estar. Él lo hará porque te ama y porque, sin importar lo que suceda en tu vida relacional, Él es fiel en su relación contigo.

Yo creo que puedes triunfar en las relaciones. Ahora, *tú* tienes que creerlo.

2 ANTES DE QUE HAYA OTRA PERSONA

Antes de que hubiera una persona en esta tierra —y aun antes de que hubiera tierra— ya existían las relaciones. ¿Cómo es eso? Es porque Dios Padre, Dios Hijo y Dios Espíritu Santo existían como tres personas en una. Ahora, no puedo explicar completamente la Trinidad. Nadie puede. Es real, pero la forma en que funciona va más allá de nuestra capacidad de comprensión. El punto es que la Biblia deja claro que las tres personas de la Trinidad han vivido juntas *desde siempre*.

Lo que significa que la relación existió, existe y existirá por siempre. Genial, ¿no?

Tal vez lo más genial de todo esto (al menos para nosotros) es que la humanidad fue creada a partir de esa relación eterna. La Trinidad tuvo una conversación y se puso de acuerdo: «Hagamos al ser humano a nuestra imagen y semejanza» (Génesis 1:26). La Trinidad no nos necesitaba. Ellos ya eran perfectos, estaban completos y plenos en sí mismos. Pero por la abundancia de su amor, decidieron crear a los seres humanos, tanto hombres como mujeres.

El primer humano, Adán, vivió en el jardín del Edén en compañía de Dios desde su primer día. En otras palabras, él tenía una relación con Dios desde antes de que existiera otro ser humano. La imagen que tenemos en Génesis 2-3 es que Dios y Adán eran amigos. Pasaban tiempo juntos en el jardín, hablaban de esto y de aquello, y daban paseos para ver las plantas y los animales nuevos mientras disfrutaban juntos de la brisa fresca de la noche. Eran solo ellos dos.

Esto es lo que tenemos que entender aquí: sin importar qué otras relaciones tengamos (o no tengamos), todos podemos tener una relación con Dios. A través de Cristo, Él nos invita a tener la misma conexión que tiene con la Trinidad, una relación de amor y generosidad. Incluso, aunque el mayor objetivo relacional que tengamos en mente ahora sea probablemente encontrar o mejorar una relación humana, es importante encontrar la forma de que nuestra relación con Dios sea la más importante y esté por encima de todas las otras. Esta es *la* relación, nuestra relación fundamental, y todas las bendiciones fluyen de este vínculo. De hecho, una de esas bendiciones es que Él hace que podamos relacionarnos con otros de la mejor forma posible. Cuando ponemos a Dios en primer lugar, Él bendice todo lo demás.

> **CUANDO PONEMOS A DIOS EN PRIMER LUGAR, ÉL BENDICE TODO LO DEMÁS.**

LA CONEXIÓN ESCONDIDA

¿Te lo digo llanamente? No puedes tener la mejor relación —es decir, no puedes triunfar en las relaciones— sin Dios. Ya sea una relación de amistad, una relación de hermanos, una relación romántica o una relación cualquiera, puede ser muy buena a su manera y te puede permitir hacer grandes publicaciones en

Instagram. Pero cuando abres ese asunto por la mitad, das con dos personas que necesitan un Salvador. Tal vez tengan una conexión emocional, intelectual o solo una fuerte conexión física, pero sin Dios, esa conexión no es suficiente.

Ahora te voy a hablar de mí: las relaciones sanas implican sacrificarse por otros, ser bondadosos e íntegros, perdonarse mutuamente, y otras cosas difíciles como esas. Para hacer esas cosas sinceramente, necesito a Jesús. No es algo que a mí se me da de forma natural. Sin Dios, yo sería un desastre. Es decir, tengo actitudes horribles, alejo a la gente. Me descartarían por completo.

Pero, honestamente, eso nos sucede a todos, ¿verdad? Tus problemas pueden ser diferentes a los míos, pero ¿no deberías admitir que, sin Dios, tú también eres un desastre?

Creo que esto es parte de lo que Jesús quería decir en Mateo 22:37-38: «"Ama al Señor tu Dios con todo tu corazón, con todo tu ser y con toda tu mente". Este es el primero y el más importante de los mandamientos». Todos tenemos cosas que son muy importantes para nosotros, como nuestra profesión, nuestra familia, nuestra pareja. Realmente me importa el tiempo que paso con mi esposa y mis hijos, en mis prédicas o en mi música. Para ti, los deportes, hacer videos o, por qué no, vender disfraces para perros hechos a mano en Etsy pueden ser asuntos importantes. Pero, sin importar lo que sea, Dios dice: «Necesito ser lo primero porque yo sé cómo suplir todo lo demás en tu vida».

Jesús continuó diciendo: «El segundo [mandamiento] se parece a este: "Ama a tu prójimo como a ti mismo"» (Mt 22:39). Vamos a regresar a este versículo en el próximo capítulo, pero ahora quiero que veas la conexión entre los dos mandamientos. Jesús escoge uno de Deuteronomio y uno de Levítico y los pone juntos. Uno, dos. Ama a Dios y ama a tu prójimo. Las mejores relaciones humanas brotan de la relación con Dios.

No estoy diciendo que la gente que vive lejos de Dios no pueda tener buenas relaciones a veces. Obviamente, pueden hacerlo y puede suceder. Sin embargo, lo que digo es que, a nivel espiritual, al menos, hay una diferencia. Si tú y yo no tenemos a Dios como nuestra fuente constante, siempre tendremos una deficiencia y no podremos dar toda la gracia y la paz que deberíamos en una relación. No podremos caminar en el amor de Cristo como deberíamos.

> **SI NO TENEMOS A DIOS COMO NUESTRA FUENTE CONSTANTE, SIEMPRE TENDREMOS UNA DEFICIENCIA.**

Esto me golpea de cerca porque vi el impacto directo que sufrió alguien que rechazó su relación con Dios y generó el rechazo de todas sus otras relaciones.

DESCARRILAMIENTO

Doug era uno de los grandes amigos de nuestra familia. Lo conozco a él y a su esposa desde que nací. Con Doug compartimos cumpleaños, navidades y todos los recuerdos que te puedas imaginar. Pude ver de cerca cómo su familia crecía en alegría, en bienestar económico, en fe y en generosidad, hasta el punto de adoptar otros hijos en su hogar y transformar sus vidas.

Lamentablemente, sucedió algo que hizo que su fe se tambaleara. Doug se volvió pesimista, prejuicioso, solitario y egoísta. Ya no era fiel a los fundamentos que lo habían llevado a crecer, como la oración, la lectura de la Palabra y la comunión. Al final, la fe de Doug se debilitó tanto que dejó de creer en Dios. Esa decisión lo cambió todo. Sus sociedades comerciales fracasaron, sus amistades menguaron, sus hijos sufrieron daños, y su matrimonio terminó en divorcio.

La Biblia dice: «Dios hizo todo hermoso en su momento, y puso en la mente humana el sentido del tiempo, aun cuando el hombre no alcanza a comprender la obra que Dios realiza de principio a fin» (Eclesiastés 3:11). Hay una parte en nosotros que fue creada para conectar con la gloria eterna y la

NADIE ESTÁ EXENTO DE NECESITAR UNA RELACIÓN CON DIOS.

belleza de Dios. Y, cuando Él puso el sentido del tiempo en la mente humana, sabía que necesitaríamos depender de una relación con Él para entenderlo todo.

Nadie puede convencerme de que lo que le sucedió a Doug no fue el resultado directo del quiebre de su conexión con Dios. Lo vi con mis propios ojos. Fue como ver el descarrilamiento de un tren en cámara lenta. En el momento en que perdió su relación con Dios todas sus otras relaciones se vieron afectadas. Para mí, y ahora para ti también, es un recordatorio de que nadie está exento de necesitar una relación con Dios.

EL DADOR DE LAS RELACIONES

Regresemos a la creación. Dios creó el sol, la luna y el cielo y consideró que era bueno. Creó el agua y la tierra seca y consideró que era bueno. Creó las plantas como la espinaca y la col rizada y luego, para mí, todos los ingredientes para una deliciosa cena vegetariana, y consideró que era bueno. Luego creó a las criaturas del mar, como Willy, Nemo y Flaunder, y a todos los animales salvajes, como Timón, Pumba y Simba, y consideró que era bueno. Luego creó a Adán y consideró que era muy bueno. Todo era bueno.

Sin embargo, al poco tiempo, Dios dijo por primera vez que algo no era bueno. No es que Dios se hubiera equivocado. Él nunca se equivoca. Era que algo faltaba. «Luego Dios el Señor dijo: "No es bueno que el hombre esté solo. Voy a hacerle una ayuda adecuada"» (Génesis 2:18).

Este principio aplica también para todos los hijos de Adán. No es bueno que tú estés solo. No es bueno que yo esté solo. Cuando tenemos una vida segura y bajo control, el enemigo puede venir a atacarnos. Cuando estamos aislados, corremos más riesgo de escuchar sus mentiras acerca de quiénes somos y de creer que esa es la verdad. Todos necesitamos relacionarnos con personas que nos puedan recordar la verdad y dispersar las mentiras, que nos muestren un poco del amor que necesita nuestro corazón y que nos ayuden en el camino. Dios sabe esto, y por eso quiere que nos relacionemos.

> **CUANDO TENEMOS UNA VIDA SEGURA Y BAJO CONTROL, EL ENEMIGO PUEDE VENIR A ATACARNOS.**

¿Es difícil para ti creer que buena parte del plan de Dios para tu vida involucra las relaciones? Él quiere que tengas relaciones sanas y exitosas. Sí, tú que eres feliz trabajando desde casa y tomando cursos en línea, comprando todo por Amazon, y que no te gusta ir a la Iglesia porque todos quieren abrazarte y el pastor disfruta haciéndote decir cosas aleatorias al que tienes al lado. Dios te creó para que te relaciones con otros, aun si eres introvertido, tímido, aun si te han lastimado... o si sencillamente no te interesa todo ese asunto de «necesitar a otros». Y lo hizo por tu bien.

Ten el valor de decir: «¡Dios quiere que me relacione!».

Él quiere que tengas un mejor amigo, aunque el último te haya clavado un puñal por la espalda. Él quiere que tengas pastores y mentores que creen para ti un espacio seguro para crecer y madurar. Él quiere que tengas un matrimonio que funcione y que esté marcado por el amor, el honor, el respeto y la diversión. Por supuesto, tus relaciones pasadas pueden haber sido, bueno... todo lo contrario a eso. Pero Él es un Dios redentor, por eso, puede tomar todo lo que esté roto, levantarlo y obrar para tu bien.

Con Dios a la cabeza, las relaciones son algo bueno, la solución al problema de la soledad. Eclesiastés 4:9-12 dice:

> Más valen dos que uno, porque obtienen más fruto de su esfuerzo. Si caen, el uno levanta al otro. ¡Ay del que cae y no tiene quien lo levante! Si dos se acuestan juntos, entrarán en calor; uno solo ¿cómo va a calentarse? Uno solo puede ser vencido, pero dos pueden resistir.

Generalmente, puedes saber si una relación es de Dios si tan solo tienes en cuenta esta pregunta: *¿Esta relación me ayuda?* Piensa en todas tus relaciones cercanas y hazte esta pregunta acerca de cada una de ellas.

Solemos tolerar muchas relaciones que nos restan, nos roban la paz, nos sacan el gozo y nos quitan el sueño. ¿Por qué?

Tal vez digas: «Pero son mis amigos y son geniales».

De acuerdo, pero si son muy *falsos*, tienes que alejarte de ellos. Si la gente que te rodea te mantiene encadenado, no se necesita una intervención divina o una señal milagrosa de Dios para revelarte que esas relaciones no te ayudan.

De una u otra forma, muchos de nosotros hemos tenido relaciones tóxicas que pueden haber afectado de forma negativa nuestro deseo de volver a tener una conexión humana. Déjame animarte: no permitas que el dolor de tus relaciones pasadas te haga perder las futuras.

No seas como la mamá de Bobby Boucher de *El aguador*, una de mis películas favoritas de los '90. Ella estaba tan asustada que, para ella, todo era «el diablo». «¡La escuela es el diablo!» «¡El fútbol es el diablo!» «¡Las niñas son el diablo!»

Las relaciones no son «el diablo», pero si no están guiadas por Dios, pueden abrirle la puerta a él. Muchas de nuestras relaciones han sido incorrectas solo porque no entendimos el propósito de Dios para ellas.

LA PERSONA CORRECTA
PARA EL PROPÓSITO

Hay algo más que necesitamos destacar de la historia del jardín del Edén: Dios le dio a Adán un trabajo. «Dios el Señor tomó al hombre y lo puso en el jardín del Edén para que lo cultivara y lo cuidara» (Génesis 2:15). Adán tenía que administrar el paraíso (no es un mal trabajo, si me lo preguntas).

Entonces, Adán no solo se había relacionado antes de que existiera otra persona, sino que también tenía un propósito: Dios le dio un trabajo antes de darle una esposa —y, por cierto, esto no solo aplica a los hombres, pues Rebeca estaba cargando agua cuando escuchó hablar de Isaac; y Ruth estaba trabajando en el campo cuando conoció a Boaz—.

Cuando Dios planeó crear a Eva para Adán dijo: «Voy a hacerle una ayuda adecuada» (Génesis 2:18). Eva superó la prueba de fuego de Eclesiastés 4, la de ser una buena compañera. ¿Y con qué ayudó a Adán? Lo más importante fue que ella lo ayudó a hacer el trabajo que Dios le había dado. Ella lo ayudó a cumplir su propósito.

UNA RELACIÓN CERCANA VA A TENER UN GRAN IMPACTO EN CÓMO VAS A CUMPLIR TU PROPÓSITO.

Fíjate, las personas muchas veces intentan estar con alguien sin comprender primero su propio propósito, o al menos, sin tenerlo en cuenta. Pero una relación cercana va a tener un gran impacto sobre la forma en que vas a cumplir tu propósito. Esto aplica para tu mejor amigo, para tu tutor de la universidad, tu compañero de cuarto, tu inversor... y, especialmente, para tu cónyuge.

No se trata de ser egoísta y decir: «quiero una pareja que me dé libertad para hacer lo que yo quiera». No, no. Se trata de encontrar un compañero o una compañera que te ayude a cumplir el propósito por el que Dios te puso en esta tierra, en lugar de interponerse en tu camino. Y, por supuesto, necesitas ser el tipo de persona que haga lo mismo con su pareja, porque él o ella también tienen un propósito. Esta es una gran tarea. Se trata de seguir a Dios.

Sin embargo, cuanto más conoces tu propósito —ya voy a ayudarte con eso—, sin importar cuál sea, recuerda que Adán comenzó a trabajar en su propósito incluso antes de que existiera otra persona. Lo que quiero decirte es que mientras buscas un novio para casarte, o un nuevo amigo en la ciudad a la que acabas de mudarte, puedes trabajar en tu relación con Dios y en hacer lo que Él te ha llamado a hacer.

Cuando finalmente llegue esa persona que entienda tu propósito, que crea en él y que te ame, encajará perfectamente en tu vida. La pareja correcta es la que te ayuda a avanzar en el camino que Dios preparó para ti, no la que te aleja de él.

Un buen ejemplo de que las relaciones te acercan a tu propósito son mis padres.

ESPERANZA PARA EL FUTURO

Tal vez hayas estado de noviazgo en noviazgo, pero nunca has llegado al punto en que alguien se ponga de rodillas y te diga: «¿Te casarías conmigo?». Quizás cometiste un error o alguien se aprovechó de ti y tuvieron un bebé, pero no una relación. O tú pasaste por todo el proceso romántico y parecía que era un sueño hecho realidad, pero, en lugar de vivir felices por siempre, el proceso fue interrumpido por otra situación que no viste venir: el divorcio.

Te entiendo. El mundo no es perfecto, como lo era el jardín del Edén. Pero sí sé esto: Dios puede sanar, Dios puede redimir, Dios puede volver a ponernos en marcha y sacar cosas buenas de las situaciones malas. No pierdas tu fe en la posibilidad de tener una relación amorosa alentadora y productiva. Y no olvides que Dios sigue amándote, que tiene planes para ti y bendiciones que tienen tu nombre.

«Porque yo sé muy bien los planes que tengo para ustedes —afirma el Señor—, planes de bienestar y no de calamidad, a fin de darles un futuro y una esperanza» (Jeremías 29:11).

Normalmente, cuando una pareja está en el ministerio, el hombre es quien está al frente guiando mientras que la mujer cumple una función de apoyo. Con mis padres, eso era completamente al revés. Vi a mi madre cantar, predicar y orar por personas en todo el mundo, en un lugar de liderazgo, mientras que mi padre manejaba el sonido, cargaba los bolsos y organizaba su itinerario entre bastidores. La humildad de mi papá —un hombre con todas las letras— en su rol de apoyo a mi madre fue lo que les permitió tener un impacto tan grande. Él la guiaba a ella a cumplir su propósito y ella hacía lo mismo con él.

Tras décadas de ver a mi papá oculto a la vista del público, mi mamá lo convenció de que su sabiduría era valiosa. Ahora él conduce a otros como pastor y consejero en los mismos escenarios donde le había brindado apoyo a ella.

Al igual que mis padres, hay personas adecuadas para apoyar tu propósito particular. Amigos adecuados, socios adecuados, compañeros de equipo adecuados, y esposo o esposa adecuados. Antes de encontrar a esa persona, debes encontrar tu propósito. Esa persona adecuada estará al otro lado del propósito correcto.

ENCUENTRA TU PROPÓSITO

¿Cómo sabes cuál es el propósito de tu vida? Primero que nada, al principio no lo sabes del todo perfectamente. Comienzas primero a presentirlo, y Dios te va revelando cada vez más a medida que avanzas.

Yo no tenía idea de que Dios quería que fuera el pastor principal de la Transformation Church [Iglesia Transformación]. Pero al llegar a la adolescencia comencé a sentir que Dios quería usarme para su obra. Así que me involucré con mi iglesia y la gente comenzó a confirmar los dones que veían en mí. Me dieron la posibilidad de liderar. Al principio no era muy bueno, pero había varias promesas. Con el tiempo me dieron cada vez más responsabilidades y comencé a desarrollar el líder que soy actualmente. No soy perfecto, pero estoy progresando.

Así es como funciona: Dios revela su propósito poco a poco.

Además, tu propósito puede cambiar de una temporada a otra. Evoluciona. Crece. A veces llega a su fin natural o puede permanecer dormido.

Hay muchas cosas que todavía sigo sin saber, como por qué Dios me quiere en esta tierra y qué quiere hacer a través de mí. Una de las razones por las que percibo esto, es porque algunos de mis deseos esenciales aún no se han cumplido. Y estoy seguro de que tú también tienes aún mucho que aprender acerca de tu propósito. Tengo una palabra de aliento para ti: si tienes una relación con Dios y realmente estás intentando acercarte a Él, te revelará estas cosas.

> **SI TIENES UNA RELACIÓN CON DIOS, ÉL TE REVELARÁ ESTAS COSAS.**

Ahora bien, a veces el proceso de aprender, crecer y avanzar hacia nuestro propósito no es fácil. Tal vez odias tu trabajo, pero Dios te dice: «Sé que solo ganas diez dólares la hora, pero estoy usando este trabajo para revelarte para qué te he llamado». Debes ser paciente y estar abierto.

Por momentos he pensado: *¿Por qué estoy aquí?* La única conclusión a la que llegué fue: *si estoy aquí y esto es incómodo, es para que crezca. Dios está intentando mostrar un propósito en mi vida.*

Puede que estés ahora en un momento así. Acepta el entrenamiento, recuerda que no es para siempre y mantén tu espíritu sintonizado con Dios.

Otra cosa más: *relacionarse es un propósito en sí mismo.* Dios te da amigos para que puedas edificar sus vidas y ellos la tuya. Casarse es un compromiso para toda la vida que traerá su recompensa, pero a veces también te costará mucho. No vayas buscando en los demás lo que solo Dios puede darte: tu propósito. Eso tienes que buscarlo solo en Dios, y confiar en que Él trae personas a tu vida que te impulsan a avanzar hacia sus planes y tú haces lo mismo con ellas.

MÁS CERCA DE DIOS

Cuando era más joven tomé la decisión que más cambiaría mi vida. No fue la universidad a la que iría o con quién me casaría. Fue invitar al Señor Jesucristo a ser mi Salvador. No he sido perfecto, pero ese acto de fe ha transformado mi vida. Y, para ser honesto, espero que tú tomes la misma decisión. Es muy fácil. Según Romanos 10:9: «Si confiesas con tu boca que Jesús es el Señor y crees en tu corazón que Dios lo levantó de entre los muertos, serás salvo». Eso es todo lo que debes hacer. Si quieres parar un minuto para hacerlo ahora, te prometo que será la mejor decisión que tomes. Y si aún no estás seguro, está bien. Creo que en el momento oportuno sabrás qué hacer.

Una vez que nos convertimos en seguidores de Jesús, esa relación tan importante dura... ¡para siempre! Lo que hacemos a partir de ese momento es *cultivar* la relación.

Adán era un cultivador. Él cultivó el jardín. Más adelante, cultivó su relación con Eva. También cultivó su relación con Dios al aprovechar las oportunidades que tuvo para hablar e interactuar con Él.

> **DEBERÍAMOS CULTIVAR NUESTRA RELACIÓN CON EL SEÑOR TODOS LOS DÍAS.**

Por eso digo que nosotros también deberíamos cultivar nuestra relación con el Señor todos los días. Si tenemos una relación con Dios podemos llegar a conocerlo con más claridad, a amarlo con más profundidad y a obedecerlo con más fidelidad.

Tal vez estás explorando todo este asunto de la fe, y la idea de cultivar una relación con Dios te parece un poco intimidante. Bueno, mi amigo Santiago nos da un consejo y una promesa: «Acérquense a Dios, y él se acercará a ustedes» (Santiago 4:8). Así de simple. Cuando das un paso hacia Él, te das cuenta de lo cerca que está. Mientras tú cultivas tu relación con Dios desde tu lugar, Él está haciendo aún más por cultivarla desde el suyo.

En tu opinión, ¿qué se necesita para esto?

Necesitas tener una vida devocional diaria. No voy a decirte cómo hacerlo, ni cuándo, ni por cuánto tiempo, pero de alguna forma tienes que sumergirte en esa Biblia abierta o en esa aplicación del teléfono todos los días. Te aseguro que eso te hará una mejor persona. Es el único libro en el que mientras tú lees, *él te lee a ti.*

También tienes que orar. Simplemente hablar con Dios. «Dios, me hace sentir frustrado el tráfico en el que estoy atascado ahora. Solo necesito que me ayudes a no maldecir a estas personas». Dios no se enoja por eso. Incluso podemos ir a cosas más profundas: «Siento inseguridad por mi futuro». Solo quiere que hables con Él, y Él te responderá.

Luego, necesitas momentos de adoración. Adorar es expresar tu amor a Dios con tu vida. Una de las mejores formas de hacerlo es a través de la música que exalta a Dios y disminuye nuestras dudas, ansiedades, miedos y frustraciones.

En diferentes etapas de la vida, tu tiempo con Dios puede ser diferente. Si estás soltero, puede que tengas mucho tiempo para aprender realmente acerca de Dios y experimentarlo. Así que, ¡hazlo! Estudia intensivamente por tu cuenta, ve al instituto bíblico, a conferencias, o vive tu fe en un viaje misionero. El compromiso es un tiempo para establecer hábitos de oración juntos, como pareja, y hablar de la fe para animarse entre sí. Este también es un gran momento para establecer comunión con otras parejas que están en el mismo camino. Cuando estás casado, es bueno habituarse a asistir juntos a la iglesia, y descubrir cómo eso puede convertirse en un momento de tranquilidad en medio de la rutina de la vida juntos. El punto es que, sin importar cuál sea tu situación, mantengas tus prioridades, pero seas adaptable.

Los años de paternidad pueden ser difíciles para tener una vida de devoción. Natalie y yo tenemos tres hijos, así que la tranquilidad y la soledad son difíciles de hallar en estos días. Nos hemos dado cuenta de que debemos levantarnos más temprano o quedarnos despiertos después de que los niños se acuestan para poder encontrarnos con el Señor. Entonces eso es lo que hacemos. Además, cada uno toma un retiro espiritual privado una vez al año.

La etapa de la vida en la que estés puede determinar la forma en que buscas a Dios, pero siempre que lo hagas va a ser muy beneficioso; esa es la base para triunfar en todas las demás áreas. Estoy convencido de que Dios tiene que ser el centro de tu vida.

El resto de este libro habla acerca de estas relaciones humanas. Aunque antes de abordar los puntos específicos de ellas, quiero poner todo en contexto. Ya insinué la forma en que esto funciona, todo tiene que ver con las etapas relacionales.

EL PROCESO DE LA RELACIÓN ROMÁNTICA

Si tu infancia fue similar a la mía, tal vez recuerdes una canción que se solía cantar en los parques infantiles y con otros niños. Decía algo así:

Michael y Natalie sentados en un árbol,
B-E-S-Á-N-D-O-S-E.
Primero viene el amor, después el matrimonio.
Después viene el bebé en su cochecito.

Para muchos de nosotros esta canción puede haber sido la primera explicación del proceso relacional que escuchamos: Amor > matrimonio > bebé. Esto es un poco vago e incompleto, pero parece bastante simple.

Luego crecemos. Y como vivimos en un mundo caído y nuestra sociedad es retrógrada y perversa, nos damos cuenta de que el proceso amor > matrimonio > bebé no se da así en la vida de todos. Piensa en todas las situaciones distintas que pueden darse. A veces, el bebé viene primero. Luego, como has tenido un bebé, decides que también deberías casarte. Y, como estás casado, oras: «Señor, por favor, ¡ayúdame a amarla!». O, a veces, hay amor y viene el bebé, pero luego no estamos muy seguros de cuánto podemos confiar en la otra persona, y tal vez decidamos casarnos o tal vez no. Por lo que veo en la televisión y en internet, casi parece que hubiese una competencia para ver quién puede tener la relación más creativa, fuera de los parámetros.

Quiero ayudarte a entender que hay una manera de desarrollar una relación acompañado por Dios. No solo se trata de amor, matrimonio y bebé. Hay más, y no resulta siempre en relaciones fallidas y confusas, sino en relaciones productivas y exitosas de dos personas que están completamente sanas. Esta es la clase de persona que hemos estado buscando, personas que tienen una relación con Dios y que intentan ayudarse entre sí para hacer su voluntad. Tal vez nos lleve un tiempo poder arraigar ese proceso en nuestra mente en lugar de todos los otros enfoques que nos da la cultura. Sin embargo, la Biblia dice que Dios puede renovar nuestra mente y transformarnos (Romanos 12:2), y podemos confiar en que Él, sin duda, lo hará también en esta área.

Soltería > Noviazgo > Compromiso > Matrimonio > Amor > Hijos

Primero está la soltería. Sé que esta no es muy popular. No mucha gente que conozco está feliz de vivir sin un novio o una novia, mucho menos sin un esposo o una esposa. Pero, en realidad, la soltería puede ser la etapa más importante de tu vida, porque es el tiempo fundamental en el que Dios te revela quién eres. Te vuelves consciente de ti mismo, encuentras tu propósito, el futuro comienza a enfocarse. Ya hemos hablado acerca de encontrar nuestro propósito antes de tener una relación con otra persona, y esta es la etapa en la que esto debería suceder.

Muchos matrimonios no son un todo armonioso porque tienen un montón de agujeros —secretos, dolores, heridas, miedos, inseguridades, etc.—, y cada miembro de la pareja espera ansiosamente que el otro los pueda llenar. Pero, ¿qué pasaría si cada persona se tomase el tiempo de sanarse y desarrollarse antes de conocer al otro? La soltería es el tiempo para eso.

Cuando sientas que te conoces a ti mismo lo suficiente y que estás caminando con Dios, el siguiente paso es el noviazgo. Pero no estoy hablando de tener un noviazgo recreativo, de salir con cualquiera que te atraiga, porque te quieres divertir o porque tienes miedo de estar solo. Si haces eso, le das permiso a cualquiera de entrar y salir de tu vida, y luego terminas poniéndote en una posición en la que pierdes de vista agradar a Dios. Entonces, lo que recomiendo es el noviazgo *intencional*, pasar tiempo con alguien de una forma que honre a Dios para intentar descubrir si esa persona es la correcta para ti.

Si encuentras a alguien que camina con Dios y los dos quieren casarse, deberían entonces, comprometerse. El compromiso es el período en el que una pareja planea su boda, con el fin de unirse luego en sagrado matrimonio ante Dios. Es un buen momento para hablar de cosas profundas, desarrollar planes y sentar las bases de su futura vida juntos.

Después del compromiso, debería venir el matrimonio. Casarse no es lo mismo que tener sexo o vivir juntos, porque es una relación basada en un pacto. Pienso que el matrimonio es el contenedor del sexo, porque, en el plan de Dios, es la única relación en la que debería haber sexo (y debería haber *mucho*). Por supuesto, el matrimonio es mucho más que solo sexo. De hecho, un matrimonio entre un hombre y una mujer que tienen metas establecidas por Dios es la mejor imagen para entender la relación entre Dios y su amado pueblo.

Después del matrimonio debería venir el amor. ¿Por qué digo amor *después* del matrimonio? Bueno, ¿leíste 1 Corintios 13? Lo digo aquí, porque no sé si tú realmente puedes hacer lo que hay que hacer para amar a alguien en verdad, sin sacrificar y renunciar a muchas cosas por esa persona. Creo que te puede gustar muchísimo alguien, pero si no te has entregado a esa persona como Cristo se entregó a la Iglesia (ofreciendo su vida en sacrificio), ¿has amado por completo?

Luego, como fruto del amor en el matrimonio, podemos reproducirnos, si es que Dios nos da esa bendición. Tener hijos es un pequeño eco de la Trinidad: «Hagamos seres humanos a nuestra imagen». Una pareja casada ya tiene un amor hermoso, recíproco y total, y lo que desborda de ese amor los hace desear crear nuevos y pequeños seres humanos (con todo lo que eso incluye: pañales, dentición y alimentación a las 2:00 a.m.). Y, así, el ciclo relacional comienza de nuevo.

Cada parte de este proceso es buena. Cada parte es correcta. «Todo tiene su momento oportuno» (Eclesiastés 3:1). Así que, escúchame: sea cual sea el momento relacional en el que estés, no debes solamente vivirlo. *Aprovéchalo.*

Estas son las cosas que me gusta oír:

- «Estoy soltero y en mi mejor momento».
- «Estoy de novio y aún no sé si ella es la indicada, pero me encanta lo que tenemos en este momento».
- «Estamos comprometidos y ¡no vemos la hora de casarnos!».
- «Estamos casados y más enamorados que nunca».
- «Tenemos hijos y no podemos creer lo rica y completa que es nuestra vida».
- «Nuestros hijos crecieron y se fueron de casa, pero seguimos viéndolos a menudo. Mientras tanto, nos estamos redescubriendo en este nido vacío que es pacífico y cálido como un resplandor».

APROVECHA EL MOMENTO EN EL QUE ESTÁS, SACA LO MEJOR DE ÉL Y AGRADÉCELE A DIOS.

Aprovecha el momento en el que estás, agradécele a Dios y saca lo mejor de él.

Recuerda: Dios quiere que tengas relaciones. Relaciones sanas, relaciones enriquecedoras, relaciones que te den la oportunidad de crecer, servir y marcar la diferencia en el mundo.

Si tu relación con Dios está en primer lugar, Él te llevará desde donde estás hacia donde necesitas ir.

3 LA PALABRA CON S

Sé que no estoy solo..

—ALAN WALKER, «Alone» [Solo]

Ahora me siento como debería.
Nunca supe que la soltería se sentiría tan bien.

—JASON DERULO, «Ridin' Solo» [Andando solo]

Ahora estamos abriéndonos camino a través del proceso de las relaciones y quiero comenzar a hablar acerca de la palabra con S. Sí, es esa: *soltería.*

Beyoncé hizo de la canción «Single ladies» [Damas solteras] un himno para que todas las mujeres que están solteras sepan que están bien y se burlen de los hombres de su pasado que cometieron el error de no «haberles puesto un anillo». Pero, para ser honestos, generalmente cuando alguien entra llamando la atención y presume de su soltería, ¡es porque no quiere estar soltero!

Una vez, una chica vino a mí y me dijo:

—Siento que es hora de estar en una relación.

—¿Por qué? —le pregunté.

—He estado soltera durante dos años. O sea, es mucho tiempo, pastor Mike. Ya, ya es hora.

—Entiendo que quieras casarte. Creo que eso va a sucederte, eres hermosa, talentosa e inteligente. Pero en este momento siento que Dios intenta darte algo que necesitas. Está intentando recrearte y moldearte. Entonces, no tomes tu soltería como una sentencia que estás cumpliendo en prisión —le dije.

Conozco muchas personas que están muy impacientes por salir de la soltería. Cuando Dios dijo: «No es bueno que el hombre esté solo», por Adán, no quiso decir que no es bueno que el hombre esté soltero. Lo cierto es que los humanos necesitamos tener relaciones sanas, y casi todos nosotros anhelamos intimar con otra persona. Pero el sexo no es el único tipo de intimidad, ni el matrimonio es la única etapa valiosa de toda una vida de relaciones. La etapa de la soltería es necesaria —diría que es una prioridad— para todo el que quiera alcanzar sus metas en una relación. Piensa en esto: el primer estado de Adán fue la soltería.

Si estás soltero, estoy seguro de que muchas personas —o muchos de los mensajes que promociona esta sociedad— te han hecho sentir que no eres suficiente sin tu media naranja. La presión para que encuentres pareja es intensa e implacable y la sientes venir de todos lados. No tuviste una cita para la boda de tu mejor amigo la primavera pasada, y él ha estado intentando emparejarte con alguien al azar desde entonces. Las personas de tu iglesia susurran cuando te ven: «¿Sigue soltera? ¿Qué hay de malo en ella?». Tus padres siguen presionándote para que te apures a casarte porque quieren nietos cuando todavía sean jóvenes para poder disfrutarlos.

Todo eso puede hacerte sentir que, por algún motivo, siendo soltero, no eres suficiente. Estar soltero puede comenzar a avergonzarte. Tu vida parece incompleta o hasta fracasada.

Lo que es peor, es que estos pensamientos pueden nublarte el juicio hasta el punto de hacerte correr desesperadamente hacia relaciones que no son para ti, o estar con alguien (*quien sea*) solo para satisfacer a los demás y calmar tus miedos o tu libido. Pero estas decisiones apresuradas tienen serias consecuencias. Nuestra alta tasa de divorcios no tiene tanto que ver con malos matrimonios, sino con malas solterías.

Déjame animarte con esto: tu soltería, en realidad, puede ser la parte más importante del proceso de una relación. No es una maldición. ¡Es una oportunidad! Es la mejor oportunidad que tendrás de trabajar en ser tú de forma única, alguien original y distinto. Un buen período de soltería significa aprender a ser un ser único. Dios quiere que disfrutes esta etapa de la vida en la que debes llegar a estar pleno y completo por tus medios, sin una pareja o un compañero.

> **LA SOLTERÍA PUEDE SER LA PARTE MÁS IMPORTANTE DEL PROCESO DE UNA RELACIÓN.**

Si estás soltero, no te preocupes demasiado por el noviazgo y las citas. Eso vendrá a su debido tiempo. Enfócate más en el lugar en el que estás. Tu estado actual te permite invertir tiempo en conocer mejor a Dios y adorarlo. Además, la soltería es una oportunidad de entenderte mejor, de trabajar en tus debilidades, de construir tus fortalezas y de avanzar hacia el cumplimiento de los propósitos que Dios ha sembrado en tu corazón. En el camino, podrás aclarar tus metas para una relación y, así, podrás reconocer a la persona «correcta» cuando llegue a ti, como Adán reconoció a Eva.

Si no estás soltero, este capítulo es para ti, porque habla de que siempre deberías trabajar en ti mismo. Trabajar en uno mismo es beneficioso para todo tipo de relación. Por ejemplo, cuanto más te conoces, más fácil es tener relaciones maduras con tus padres o hermanos. Cuanto más cómodo estés contigo mismo, más personas se sentirán atraídas por tu autenticidad y tu confianza. Cuanto más seguro estés de tus dones, tus talentos y tu llamado, menos sentirás que tienes que demostrarle algo a alguien.

La verdad del asunto es que descubrirse es algo muy valioso. Nadie puede hacerlo por ti y nadie te obligará a hacerlo, pero es algo que beneficia a todos.

EL BUENO, EL MALO Y EL FEO

En la soltería tienes la oportunidad de conocer las cosas buenas de ti mismo, tu gusto por viajar, tu deseo de retribuir a la comunidad y tu compromiso con la vida saludable, por ejemplo. Pero también tienes que descubrir las cosas malas de ti mismo, como tus hábitos de gastar de más, tu deseo excesivo de atención y tu miedo al fracaso. Sin importar qué tan feo se pueda poner el proceso, como dice la canción de Anhayla: «Debes amarte a ti mismo» [U.G.L.Y. por sus siglas en inglés].

En el capítulo anterior, vimos estos versículos: «"Ama al Señor tu Dios con todo tu corazón, con todo tu ser y con toda tu mente". Este es el primero y el más importante de los mandamientos. El segundo se parece a este: "Ama a tu prójimo como a ti mismo"» (Mateo 22:37-39). Esto nos muestra la conexión que existe entre tener una relación con Dios y relacionarnos con los demás. Pero ahora veremos más de cerca el segundo gran mandamiento. Vean que dice: «Ama a tu prójimo *como a ti mismo*». Jesús estableció una conexión precisa entre nuestro amor por los demás y el amor por nosotros mismos.

Según la Palabra de Dios, hay un prerrequisito para amar a tu prójimo: puedes amar a tu prójimo solo en el mismo grado en que te amas a ti mismo. De locos, ¿verdad? La mayoría de nosotros pasamos tanto tiempo odiando cosas de uno mismo que no nos damos cuenta de que estamos dañando nuestra capacidad de amar a otros. No hay forma de que puedas descubrir cómo amar bien a alguien en una relación si primero no has descubierto cómo amarte a ti mismo durante tu soltería.

Algunos nos tratamos muy mal a nosotros mismos: nos conformamos con mucho menos de lo que sabemos que merecemos, profanamos nuestros cuerpos y nuestros corazones,

> ODIAR COSAS DE UNO MISMO DAÑA NUESTRA CAPACIDAD DE AMAR A OTROS.

les permitimos a otros que hagan lo mismo, y utilizamos nuestras propias palabras para rebajarnos constantemente. Si tú te menosprecias, inevitablemente terminarás tratando a tu prójimo, o hasta a tu pareja, de la misma manera.

Para aprender a amarte de la forma que Dios quiere, debes construir una relación con Él, ya que Él *es* amor. Recuerda, esa relación es la más importante. Sin embargo, amarte a ti mismo significa aceptarte como Dios te creó, por más difícil que eso se pueda ser. Esto implica tomarte el tiempo necesario para encontrar tu plenitud en Él y entender que solo Él puede llenar el vacío que sientes dentro. Deja de intentar que otras personas encajen en el hueco de tu vida que tiene la forma de Dios.

Tenemos la tendencia a enfocarnos en amar a nuestro prójimo, pero, repito, puedes amar a tu prójimo solo en la medida en que te amas a ti mismo, y puedes amarte de verdad solo cuando entiendes lo mucho que Dios te ama. ¿Puedo hacer una pausa un momento para decirte que Él te ama *mucho*? De hecho, te ama tanto que entregó lo más valioso que tenía, su Hijo, solo para poder construir una relación cercana contigo (Juan 3:16, ¿lo conoces?).

La forma en que Dios te creó no fue un error. Recuerda: Él creó la raza humana y vio «que era muy bueno» (Génesis 1:31). Él dijo que eres su «obra maestra» (Efesios 2:10, NTV). Él quiere que te veas de la forma en que Él te ve, pero eso puede llevar tiempo. Tal vez tengas que familiarizarte con un fruto específico del Espíritu: la paciencia. Tu tiempo de soltería no es tiempo perdido, es una preparación, y eso requiere paciencia.

Dos de mis comidas favoritas son la cena de Acción de Gracias y la de Navidad: todo está horneado con amor, glaseado de bondad y cocinado con cariño. Lo que estas comidas tienen en común es que para realizarlas se requiere paciencia. Me crié viendo que la planificación y la preparación de esas comidas puede llevar hasta una semana. No es comida rápida ni práctica. Si alguien te las prepara rápido, te aseguro que no van a salir bien, y más te valdría venir a celebrar estas fiestas con mi familia. De igual manera, cuando deseamos que nuestras relaciones sean *exquisitas*, debemos aprender a esperar bien durante nuestra soltería.

Ponte en sintonía con la secuencia de Dios: ama a Dios y construye una relación con Él, ámate a ti mismo y abraza tu soltería, luego, ama a los demás.

REINICIAR

Hoy, con casi treinta años, Diamond es gerente en el departamento de finanzas de una de las empresas más grandes de Tulsa. Puedo decir que es una persona que sabe lo que hace. Su carrera está despegando, tiene muchos amigos y ha ayudado a nuestra iglesia más de lo que cualquiera de nosotros pueda siquiera imaginar.

Pero no siempre fue así.

Diamond fue abusada sexualmente por un familiar cuando era una adolescente. Para apaciguar el dolor de esa experiencia, se sumergió en un estilo de vida alocado. Durante sus primeros dos años en la Universidad de Oklahoma se dedicó más a ir a fiestas y a dormir que a ir a clases. Pero una vez la invitaron a un estudio Bíblico, y su vida comenzó a cambiar cuando encontró a Cristo.

Una de las cosas que decidió hacer fue abandonar por completo las citas durante un tiempo. En lugar de chicos y fiestas, se concentró en sanar las heridas de su pasado, en descubrirse a sí misma y trabajar en sus dones. Además, le pidió a un grupo de amigas que la ayudaran a mantenerse pura y a aprender a ser una mujer piadosa.

Ella me dijo: «Necesitaba reencontrar mis valores. Mis valores acerca de las relaciones estaban distorsionados por la cultura y por el comportamiento de algunos de mis familiares, y lo que me habían enseñado era que tenía que estar en una relación todo el tiempo. Me di cuenta de que eso no era verdad. Necesitaba descubrirme antes de estar lista para relacionarme con un hombre».

Diamond dice que su tiempo de soltería la preparó para tomar decisiones en la vida. Primero se fue a la Universidad de Tulsa para terminar su licenciatura, luego fue a Michigan a obtener una maestría, y finalmente regresó otra vez a Tulsa para trabajar. Rechazó todas las citas a las que la invitaron durante esos años. «Gracias, pero no estoy lista para una relación en este momento», decía.

Hace poco, Diamond comenzó a tener citas de nuevo, pero, esta vez, de forma mucho más pura y con un propósito. Ella sabe el tipo de hombre que necesita para ayudarla a ser la mujer en la que se ha convertido, una mujer de Cristo. Ella sale únicamente si cree que el hombre la ayudará a avanzar hacia su propósito.

«LA ÚNICA FORMA DE ESTAR SEGURA DE LO QUE BUSCAS ES ENCONTRARTE CONTIGO MISMA».

«La única forma de estar segura de lo que buscas es encontrarte contigo misma», dice Diamond.

Sé exactamente a lo que Diamond se refiere. Para estar plena para una relación, primero necesitaba encontrarse en Dios.

SOLTERO Y EN CONSTRUCCIÓN

Sé que el mundo hace que parezca que, si eres soltero, deberías estar listo para una relación, pero, como descubrió Diamond, está bien estar soltero y en construcción. La soltería es un tiempo para fundar las bases que permitirán que tus relaciones futuras prosperen.

Los psicólogos hablan de los pilares de un buen matrimonio: comunicación, intimidad, honestidad y confianza. Todas estas son cosas esenciales para una relación fuerte y sana, pero los pilares deben estar sobre un cimiento firme. Los únicos materiales de construcción que Dios tiene para establecer un matrimonio son tú y tu futura pareja. Aunque estés de novio o comprometido, técnicamente sigues estando soltero. Antes de planificar ese gran día con el hermoso vestido blanco, el esmoquin, las flores, el fotógrafo y la iglesia, incluso antes de que conozcas a tu pareja, deberías prepararte a ti mismo.

Dios quiere ayudarnos. Él nos ofrece el tiempo necesario para desarrollar el carácter, la ética laboral, la inteligencia y la salud emocional que ayudarán a desarrollar una relación sana.

Haciendo eco al escritor de Eclesiastés, hay un tiempo para estar soltero y un tiempo para tener citas. Nuestro tiempo de soltería no es un castigo ni un purgatorio. Es la forma en que Dios nos da un tiempo de desarrollo y crecimiento que nos prepara para la bendición que viene. Cuanto más entiendas esto, menos presión sentirás sobre tus hombros.

SOLTERO PERO NO SOLO

Muchos piensan que estar solteros es estar solos; pero no es lo mismo. Estar soltero es simplemente no tener una pareja romántica en este momento. La palabra solo es equivalente a soledad, y habla de alguien que no tiene compañía y solidaridad. Describe a alguien que no tiene amigos, alguien que se siente abandonado.

Puede que tú estés soltero, pero «no estás solo». Y no digo esto solo por citar esa gran canción de Michael Jackson «You are not alone» [No estás solo]. Esta es la verdad.

No estás solo. Muchas personas solteras que conozco tienen más amistades activas que las que están ligadas a una relación seria de noviazgo, compromiso o matrimonio. Tú también puedes tener grandes amistades.

Lo más importante es que, aunque nadie esté contigo en este momento, Dios está ahí. Él prometió:

«Nunca te dejaré;
jamás te abandonaré» (HEBREOS 13:5)

No creas que estás soltero porque hay algo malo en ti. Tal vez estás soltero porque Dios quiere que lo estés. Él está locamente enamorado de ti; quizás te quiere todo para Él por un tiempo. Estar soltero no te hace insuficiente ni insignificante, solo quiere decir que tienes más tiempo para desarrollarte y conocerte. Te desafío a usar este tiempo con sabiduría. La soltería no es una excusa para tomar el asiento trasero de la vida, sino una oportunidad para buscar de todo corazón tu propio propósito.

Dios quiere que tomes conciencia de ti mismo durante tu soltería. Esto significa reconocer tus propias faltas y defectos para permitirle obrar en esas áreas, y orar para que tu futuro esposo o esposa esté haciendo lo mismo, sea quien sea esa persona.

Soy la prueba viviente de que el matrimonio descubre quién eres en verdad. Tengo años casado, y mi esposa sigue señalándome inseguridades que ni siquiera sabía que existían. «Deja de compararte con otros», me dice. «No olvides quién eres». Debo admitir que cada vez que lo hace, lo niego. Insisto en que no he perdido la línea y luego, me doy cuenta de que ella tiene razón.

Mi esposa expone mis defectos una y otra vez. Dios la ha ungido para revelar y descubrir los aspectos de mi vida que no están alineados con Él y sus planes, y yo la amo aún más por eso. Compartimos responsabilidades como compañeros, y continuamente nos llamamos a ir más allá. Además, nos casamos muy jóvenes y hemos estado juntos desde los catorce años, así que hay *mucho* para señalar.

Natalie y yo nos amamos mucho, pero hemos tenido que enfrentar algunos desafíos que, por momentos, nos han hecho desear haber pasado más tiempo permitiéndole a Dios que moldeara más nuestro carácter antes de casarnos. Esta es la razón por la que el período de soltería es tan importante.

Ahora, aun así, habrá momentos en los que nuestra pareja nos dirá verdades, sin importar cuánto nos hayamos preparado antes de que lo haga. Nunca alcanzaremos la perfección, pero podemos ayudar al proceso si iniciamos una relación con un sentido claro y honesto de nuestro verdadero ser y de cómo eso afectará nuestro futuro. Si utilizamos bien nuestra soltería, esto puede impulsarnos más lejos que cualquier otra etapa de la vida. Cuando estás en una relación con Dios, aunque no tengas una relación con ese «alguien especial» aquí en la tierra, la transformación está garantizada y *todas* tus relaciones serán bendecidas por esto.

ENTONCES, ¿QUIERES CASARTE?

El matrimonio es un pacto firme, y Dios intenta convencernos de que no nos casemos a menos que estemos seguros de estar listos. Muchos solemos ver el matrimonio como una forma de escape, pero escapar de tu vida de soltero no es una razón para casarte con alguien, así sea alguien alto, hermoso y con una sonrisa matadora. Debemos tener cuidado de no dejarnos llevar por las apariencias externas al punto de no reconocer la condición interna.

Dios conoce los deseos de tu corazón, y de ninguna manera estoy tratando de persuadirte para que abandones tus sueños, ni diciéndote que no mereces o que no puedes tener una relación romántica con alguien que te atraiga físicamente (de hecho, es necesario que te sientas atraído por tu pareja). Solo estoy diciendo que tal vez únicamente has visto el lado encantador que venden del matrimonio y te has sentido atraído hacia él por las razones equivocadas.

Muchas personas se apresuran a casarse porque piensan que eso resolverá el problema de su soledad. Se hartan de estar solos, y por eso anhelan unir sus manos y sus corazones, entre otras cosas, con otra persona. El gran problema de esa filosofía es que las personas con las que comienzan una relación pueden tener el mismo motivo. Estás cansado de ti mismo y piensas que estarás mejor con otra persona, pero, ¿qué pasa si esa persona también está cansada de sí misma? Estamos casi entrenados para pensar de esta manera: tal vez esta persona pueda completarme. Cuando nos damos cuenta de nuestro error ya es demasiado tarde, porque cuando dos personas incompletas se unen, terminan volviéndose más incompletas juntas. Nadie es perfecto, pero todos deberíamos tratar de progresar.

> **LA INTENCIÓN DEL MATRIMONIO NUNCA FUE SER UN ESCONDITE DE NUESTRA SOLTERÍA, SINO UN CIELO PARA CONSTRUIR NUESTRA PLENITUD.**

Los compañeros que elegimos muchas veces tienen sus propios problemas, y sus expectativas son tan irreales como las nuestras. No pueden repararnos más de lo que nosotros podemos repararlos a ellos. Solo Dios puede. La intención del matrimonio nunca fue ser un escondite de nuestra soltería, sino un cielo para construir nuestra plenitud.

Tristemente, la mayoría de las personas que se casa no sabe realmente lo que esto conlleva y, probablemente, esa sea una de las razones principales por las que el 45 % de los matrimonios en los Estados Unidos terminan en divorcio. ¿Qué pasaría si la azafata de tu vuelo anunciara, antes de despegar, que tu avión Boeing 737 tiene casi la mitad de las probabilidades de aterrizar a salvo en el destino planeado? Casi todos preferiríamos tomar un autobús.

Hoy en día la mayoría de las personas se casa descuidadamente, ignorando el proceso que los ayudaría a prepararse para tener éxito en el matrimonio. Ese proceso funciona mejor cuando estás soltero, cuando no tienes que considerar los sentimientos, emociones, deseos y necesidades de otra persona. En muchos casos, la gente termina casándose, pero continúa intentando explorar y descubrir su soltería al punto de que descuidan su compromiso con la relación; terminan intentando estar casados y solteros al mismo tiempo, porque nunca se tomaron realmente el tiempo para abrazar su soltería. Así es como pueden surgir distintos problemas en una relación matrimonial, como las infidelidades.

Si estás casado y tu matrimonio está en problemas, mira hacia atrás, a tu soltería, y podrás reconocer el origen de ese problema. Tal vez, mientras estabas soltero, no aprendiste las cualidades básicas que moldean el carácter, como la paciencia, el autocontrol y la gracia.

Quizás no te diste cuenta de lo mucho que tus hábitos —como la higiene— pueden afectar a otra persona. La higiene puede no parecer algo muy serio, pero problemas como los platos en el fregadero son los que suelen causar roces constantemente. Aprendí esta lección con dificultad en los primeros años de mi matrimonio. Solo diré que una vez que intenté acercarme a mi esposa me dijo: «¡Hombre, hueles a trasero!», y me desterró al baño.

Tal vez, al igual que yo, has tenido problemas de inseguridad que te llevaron a hacer cosas que normalmente no harías, solo para obtener la atención o el afecto de la otra persona. Debes aprender algunas cosas acerca de ti mismo antes de hacer chocar tu mundo con el de otra persona. Es importante tener en cuenta cómo procesas la información, cómo resuelves los conflictos, cómo recibes amor y cómo percibes el mundo que te rodea mientras estén tú y Dios solos. Dedicar tiempo a mirarte en el espejo te ahorrará mucho tiempo más adelante cuando haya otra persona contigo en la escena.

Sin duda, puedes progresar y cambiar mientras estás en una relación. De hecho, deberías hacerlo. Pero es mejor ser honesto con respecto al lugar del proceso en el que estás, antes de agregar a la ecuación la compañía o las complicaciones de otra persona y todos sus problemas.

Eso es lo que me enseñó mi amigo Chuck. Él está en su segundo matrimonio. Una vez le pregunté qué había salido mal en el primero.

Chuck es un tipo que suele sonreír o bromear todo el tiempo, pero puso una mirada seria, poco común en él, cuando le hice esta pregunta.

—No estaba listo para el matrimonio en ese entonces —me dijo—. No pasé suficiente tiempo conociéndome a mí mismo para poder comunicarle a ella mis necesidades.

—Pero tu matrimonio actual va mejor, ¿verdad? —le pregunté.

—Sí, pero solo porque tuve un período entre los dos matrimonios que me sirvió para descubrir cuáles eran mis problemas.

Cuando estás casado, hay que asumir condiciones y sacrificios que no tienes que asumir cuando eres soltero. Antes de aceptar estas responsabilidades adicionales, te sugiero que aprendas a ocuparte de ti mismo. Conócete. Si no te tomas el tiempo de conocerte mientras estás soltero, puedes escoger lo que crees querer (o a quien crees querer), pero ese algo (o esa persona) no van a satisfacer tus verdaderas necesidades.

¿Qué pasaría si intencionalmente te tomaras el tiempo de trabajar en ti antes de establecer una relación con otra persona? Incluso, aunque nunca tengas una relación a largo plazo o nunca te cases, conocerte mejor hará tu vida más rica y productiva.

EL TIEMPO DE LAS «ÍES»

Cuando estaba en noveno grado, dejé de jugar baloncesto para enfocarme en la música. Era un buen jugador y mis entrenadores intentaron convencerme de regresar, pero yo me di cuenta de que no iba a llegar a la NBA. Elegí priorizar lo que era importante para mí, lo que consideraba que era mi propósito. Para mí, era la música. Invertí cuatro años y medio persiguiendo mis metas en la música. Durante ese tiempo tuve amigos y relaciones. Estaba lejos de la soledad y aunque soltero, no me cerré a estar en una relación, pero también mantuve mi propósito y mi entrega a la música.

Dios quiere el mismo nivel de compromiso contigo durante tus etapas de soltería. Puedes pasar tu tiempo persiguiendo todo tipo de oportunidades y desarrollando relaciones, siempre y cuando no dejes de buscarlo a Él.

La soltería es el tiempo de las «I»: invertir, imaginar e inspirar. *Invertir* en lo que quieres ver crecer en tu vida. *Imaginar* lo que podrías ser mañana si comenzaras hoy. E *inspirar* a otros utilizando todo lo que tienes ahora para marcar la diferencia.

INVERTIR, IMAGINAR E INSPIRAR.

Déjame darte unos ejemplos prácticos: podrías invertir en tus amistades no románticas, que luego pueden crecer y establecer contigo una comunión para toda la vida; podrías invertir en tu pasión creativa, que un día podría convertirse en una profesión; podrías imaginar que eres independiente financieramente y aprender a administrar mejor tu dinero; o imaginar qué lugar del mundo quieres visitar y organizar el viaje. Una de las cosas de mayor alcance que puedes hacer es tomarte el tiempo para inspirar a otras personas compartiendo tu historia o guiándolas.

Cuando usas tu etapa de soltería para entenderte y superarte acercándote más al Dios que te creó, es como si dieras un salto de fe, es una señal de que confías en el resultado de su plan para tu vida.

SOLTERÍA AL MÁXIMO

Recuerda que en el principio Dios no creó al matrimonio de Adán y Eva. Él primero creó a un hombre soltero. Luego de que Adán trabajara en el jardín y disfrutara de la satisfacción y la plenitud en Dios fue que se estableció el matrimonio y la relación.

Ahora, la Biblia no dice cuánto tiempo estuvo soltero Adán hasta que Dios le dio a Eva. Creo que esto fue a propósito, porque si Dios nos hubiese dado un plazo para nuestra soltería, todos estaríamos más preocupados por la cuenta que por el proceso. Puede que las etapas de soltería de cada uno no duren el mismo tiempo, pero tienen la misma importancia.

Lleva con orgullo la palabra con «s». Lleva tu soltería al máximo. Saca lo mejor de ella.

Y, luego, sigue trabajando en ti mismo durante toda tu vida.

4 CITAS INTENCIONALES

El alma necesita belleza para un alma gemela.
Cuando el alma quiere, el alma espera.

—U2, «A Man and a Woman» [Un hombre y una mujer]

Como dije antes, cuando comencé a salir con Natalie yo tenía quince años y ella catorce. Nos casamos nueve años después. Me gustaría decir que nuestro noviazgo fue fácil durante todo ese período de nueve años, pero eso sería una mentira especialmente por la época a la que llamo nuestros diez meses de insensatez.

Cuando éramos ya adultos jóvenes, Natalie quería que nuestra relación fuese más seria y comenzó a hablar de matrimonio.

Yo no estaba listo para eso. Supongo que me asusté, me volví egoísta o algo así, porque en ese momento fue cuando comencé a pensar: *He estado con Nat desde hace ya varios años. Quizás necesito ver qué hay allá afuera. ¿Cómo puedo sentar cabeza con una chica que es la única con la que he salido?*

Ese no era el Espíritu de Dios hablándome en mi interior. Esa era la cultura. Eran todos los videos de rap, las charlas en los vestuarios y las voces de la gente que me decía que era muy joven para sentar cabeza. Eso era lo que el enemigo quería que creyera. Fue como cuando la serpiente les insinuó a Adán y Eva que debían comer del fruto prohibido porque

Dios les estaba ocultando algo, aunque Él, en realidad, los estaba protegiendo del peligro.

En ese momento estaba tocando la batería en una banda de chicas. Una de ellas me hizo saber que le gustaba y yo también estaba interesado en ella. Así que le dije a Natalie: «Quiero que nos tomemos un tiempo para poder dedicarnos más a Dios». Eso sonaba muy santo, pero, en realidad, era pura apariencia.

Natalie pronto descubrió lo que sucedía y eso le rompió el corazón.

Yo dejé a la chica de la banda para estar con otra. Entraba a hurtadillas por su ventana en medio de la noche, le enviaba mensajes que nunca quisiera que alguien viera, y miraba pornografía cuando no podía estar con ella. Mientras tanto, en represalia, Natalie comenzó a ver a otro chico. Ambos enloquecimos olvidándonos de quiénes éramos y abandonando nuestros planes y principios. Nos volvimos sexualmente activos con otras personas y, por lo tanto, no pudimos entregarnos nuestra virginidad el uno al otro cuando nos casamos.

Finalmente, los dos entramos en razón y Dios nos volvió a unir. Pero las consecuencias perduraron; diez meses de insensatez nos llevaron a diez años de inseguridad. Por causa de lo que había sucedido, ninguno de los dos podía confiar completamente en el otro. Incluso, después de años de matrimonio, Natalie observaba a quién yo abrazaba en la iglesia y yo le recordaba a ella lo que había hecho mal. En realidad, los dos nos éramos fieles, pero aun así teníamos ese recelo. Fue algo horrible.

Dios finalmente nos sanó de todas esas dudas y de la desconfianza, pero no quiero olvidar lo que aprendí: casi pierdo lo mejor que he tenido en toda mi vida porque perdí mi enfoque. Perdí mi objetivo. No hay nadie mejor que Natalie para ayudarme a convertirme en el hombre que Dios quiere que sea y, como un idiota, puse en peligro mis metas y propósitos. Con toda la motivación que me dan mis propios errores y los errores de tantos otros con los que he hablado, voy a dejar atrás el tema del capítulo anterior (las oportunidades que puede dar la soltería) para hablar acerca de la fase del noviazgo en la secuencia de las relaciones.

Tal vez estás pensando: *Hombre, ya pasé esa etapa: Estoy casado.*

Bueno, espera, porque este capítulo sigue siendo para ti. Te daré tres razones. Primero, algunos de los principios de este capítulo se refieren a cómo elegir todo tipo de amigos y parejas duraderas en tu vida. Puedes ver esta conexión fácilmente. Segundo, incluso, aunque no estés saliendo con nadie, estoy seguro de que tienes amigos, hijos, nietos u otras personas en tu vida que están en esta etapa de la vida. ¿No te hubiese gustado haber tenido más consejos edificantes durante tu noviazgo? Bueno, ahora puedes ser ese consejero para quienes están en esa etapa, si es que tienes el consejo correcto para darles. Y, tercero, las decisiones que tomaste cuando estabas de novio, aún hoy tienen un impacto en tu matrimonio, especialmente si no las has asumido de la forma correcta.

Oseas 4:6 dice: «por falta de conocimiento mi pueblo ha sido destruido». Si creemos que podemos simplemente llevar un noviazgo por nuestra cuenta, significa que estamos siguiendo los malos ejemplos que hay en el mundo que nos rodea. Créeme, las relaciones ideales de otras personas no se ven tan bien en la vida real como aparentan en Instagram. Entonces, utiliza el conocimiento que provee una vida piadosa para evitar experiencias destructivas como las que yo tuve durante esos diez meses de insensatez, o para ayudar a otros a evitarlas. Y si estás saliendo con alguien y has cometido errores —como yo—, no es demasiado tarde para aprender para qué sirve el noviazgo y cómo llevarlo a cabo.

Sin importar cuáles sean tus metas en una relación, no vas a poder alcanzarlas teniendo la relación que tienen la mayoría de los solteros: un *noviazgo recreativo*. En lugar de eso, debes intentar tener lo que llamo un *noviazgo intencional*. El noviazgo recreativo está enfocado en la diversión y en las experiencias; es lo opuesto a apuntarle a un objetivo, es como dispararle a todo. El noviazgo intencional, en cambio, tiene un propósito. También es divertido, pero mantiene la pureza y, lo que es más importante, tiene un objetivo claro: determinar si esa persona es la correcta para casarse contigo. Tiene como fin avanzar hacia el pacto del matrimonio con la persona correcta, de la forma correcta, en el tiempo correcto.

> **EL NOVIAZGO INTENCIONAL TIENE COMO FIN AVANZAR HACIA EL PACTO DEL MATRIMONIO.**

Ven conmigo para que miremos más de cerca ambos tipos de noviazgo y hacia dónde nos llevan.

FALTA DE OBJETIVOS EN EL NOVIAZGO

El noviazgo recreativo es como decir: *salgo con este, después con este, después con este* (o *esta*). Son aventuras de una noche, enamoramientos impulsivos, relaciones cortas y romances superpuestos; por lo general, con muchos dramas y complicaciones. Se enfocan principalmente en el presente, casi sin pensar en el futuro, porque no se toman en serio el compromiso y el pacto. Suelen ser solo algo físico u ocasional.

Pero eso queda en ti para siempre. Puedes estar en un lugar lleno de gente y alguien te presenta a otra persona: «Oh, ya lo conozco; solíamos salir», refiriéndose a que se liaron. O: «Es una amiga», una amiga con beneficios, seguramente.

Aun si estás desde hace algún tiempo con la persona con la que sales, si alguien te pregunta: «¿Qué ves en tu futuro?», solo tienes una imagen vaga y borrosa. «Sí, puede que un día nos casemos, tal vez, eso creo».

Este tipo de noviazgo no es inofensivo, puede llegar a ser devastador. Solo piensa en esto: ¿cuántas relaciones has tenido tú, o alguien que conoces, en las que has invertido tiempo y esfuerzo en algo que solo te quitaba cosas? Se endurece tu corazón, se reduce tu autoestima y te vas alejando cada vez más de Dios.

Es más, si abres tu corazón a la persona equivocada le permitirás que desaliente tus sueños. Tal vez tenías pasión por algo, pero el hecho de estar con la persona equivocada comenzó a destruir lo que Dios había puesto dentro de ti. La relación se terminó, pero te dejó en un lugar en el que ya no crees en ti mismo. Y terminas perdiendo el tiempo, la visión y la esperanza por haber estado en una relación alineada de forma incorrecta.

> **SI ABRES TU CORAZÓN A LA PERSONA EQUIVOCADA, LE PERMITIRÁS QUE DESALIENTE TUS SUEÑOS.**

Primera de Corintios 15:33 dice: «Las malas compañías corrompen las buenas costumbres». Eso aplica a todas las relaciones que tienen influencia sobre nosotros. Estas palabras nos permiten ver con claridad, por ejemplo, que cuando chicas buenas salen con chicos malos, o chicos buenos están con chicas malas se convierten en personas diferentes. Hacen cosas que no solían hacer, cosas que no son lo que Dios quiere y que no los ayudan a cumplir su propósito.

Digámoslo sin rodeos: el noviazgo recreativo no funciona. Incluso una relación seria y duradera deja muchas veces a las personas con un sentimiento de pérdida. Una y otra vez he visto esto en parejas de novios: duermen juntos, comen juntos, tienen un plan de telefonía juntos, básicamente son un matrimonio en todo, menos en el pacto. Pero eso hace que sea más difícil salir de la relación de lo que fue entrar. La ruptura, cuando finalmente llega, es traumática y, en lugar de encontrar una pareja para toda la vida, las dos personas se encuentran con que han perdido demasiado.

A esto lo llamo el déficit relacional. La manera moderna de tener una relación —este noviazgo recreativo con una vaga esperanza de que la relación llegue a algún lado— no cumple con lo que promete.

Si el déficit relacional te suena dolorosamente familiar, déjame decírtelo directamente: Dios te ama demasiado —y plantó un gran propósito en ti— como para que estés desperdiciando tu vida relacional sin un objetivo. Debes comenzar a repensar la forma en que abordas las relaciones. Como dice 1 Corintios 15:34: «Piensen bien sobre lo que es correcto» (NTV).

Y luego dice: «Dejen de pecar». Dejen, por favor. Te lo ruego: deja de hacerlo. ¿Por qué? Porque si tomas decisiones en un estado pecaminoso tu carne siempre te mentirá. Entonces, cierra esa puerta. Arrepiéntete. Cambia. Y comienza de nuevo.

Cuanto antes lo hagas, mejor, especialmente si has estado atrapado en una relación sin futuro durante mucho tiempo.

EL NOVIAZGO NO ES UN DESTINO

Me sorprende la cantidad de gente que tiene noviazgos tan largos. Como si dijeran: *Aquí es donde estamos. No vamos a ningún lado. Estamos satisfechos.*

—¿Hace cuánto tiempo que salen?

—Quince años.

—¡¿Qué?! ¿Hay un chico en la preparatoria que tiene la misma edad que tu noviazgo? ¿De qué hablas?

Entonces, si has estado en un noviazgo durante mucho tiempo, lo que tienes que hacer es empezar a preguntarte por qué. *¿Por qué no hemos dado el paso hacia el pacto? ¿Por qué no hemos ido más allá del compromiso?* ¿Es que no confías en la otra persona? ¿Porque no conoces algo mejor? ¿Porque la institución del matrimonio de alguna manera te dejó un mal sabor en la boca? O, ¿por qué?

Sin importar cuáles sean tus motivos, no se comparan con el plan de Dios para el pacto del matrimonio (ese acuerdo sagrado y permanente). Entonces, si han tenido un noviazgo lo suficientemente largo como para conocerse, y sienten que son el uno para el el otro con miras al futuro, den el próximo paso. Están retrasando lo que Dios tiene para ustedes.

El otro día estaba en un aeropuerto con mi amigo Charles. Nos bajamos de un avión y teníamos que tomar un vuelo de conexión. Para llegar a la otra puerta, tomamos el tranvía desde el terminal A hasta el terminal C. Eso nos llevó a nuestro destino previsto, nuestro nuevo lugar.

En ese momento me di cuenta de algo: el noviazgo es el transporte a un destino relacional. No se supone que el noviazgo sea el lugar en el que nos quedemos, sino el lugar que nos lleve hacia el matrimonio, hacia ese pacto.

En el aeropuerto, no quieren que te quedes en el tranvía. Lo sé porque en los vagones no ponen muchos asientos. La idea es que te quedes allí el tiempo necesario para que llegues a tu destino.

Cuando tienes un noviazgo muy largo, es como si te sentaras en un lugar que se supone solo sirve para

{ **EL NOVIAZGO ES EL TRANSPORTE A UN DESTINO RELACIONAL.**

transportarte. Cuando te quedas sentado, ese lugar se vuelve incómodo porque nunca fue pensado para que permanecieras allí. Dios quiere que llegues al destino previsto o que, de lo contrario, te bajes.

Charles y yo estábamos en el terminal A de camino hacia el terminal C, pero en medio está el terminal B. Tal vez necesitas bajarte de tu noviazgo en el terminal B. Simplemente di: «Esto no es para mí. No quiero estar más aquí. No necesito estar rodeado de esta gente. Me bajaré y caminaré».

Sé que eso significa comenzar de nuevo a buscar a alguien con quien salir. Está bien. De veras. De hecho, tomar la ruta más larga a veces aumenta la energía para producir en ti lo que realmente necesitas. Tal vez no encuentres a la persona con la que debes estar si permaneces en el tren del noviazgo para siempre con la misma persona. De hecho, puede suceder simplemente que si te bajas y comienzas a caminar encuentres finalmente tu verdadero destino.

En el próximo capítulo sabremos cuándo ponerle fin a un noviazgo. Por ahora, todo lo que intento decirte es que el noviazgo no debe ser el destino, sino el transporte hacia donde realmente quieres ir.

UN NOVIAZGO PARA LA GLORIA DE DIOS

Ya te dije qué cosa no es el noviazgo: no es un tiempo para jugar. No es fingir que estás casado. No es tratar una etapa como si fuese para toda la vida. Todo eso es un desastre.

Entonces, ¿cómo *deberían* ser nuestros noviazgos?

La verdad es que la Biblia no dice mucho acerca del noviazgo o el cortejo, pero es muy clara en lo que se refiere al tipo de compañía que debemos tener, a los límites que debemos establecer en las relaciones y al carácter de las personas que debemos elegir como compañeros de vida. Todo esto nos da claves más que suficientes para guiarnos durante el noviazgo. Déjame darte el panorama completo de cómo lo veo yo.

Primera de Corintios 10:31 dice: «Ya sea que coman o beban o hagan cualquier otra cosa, háganlo todo para la gloria de Dios». *Todo*, incluso el noviazgo. Cuando sales con alguien, debes hacerlo para la gloria de Dios. ¡Este es un concepto totalmente diferente a lo que nuestra cultura promueve! ¡Esta es la meta en una relación! Tener un noviazgo para la gloria de Dios.

¿Cómo puedes lograrlo?

Ten noviazgos con una intención santa. Llamémoslos noviazgos con propósito, con un fin en mente, haciendo lo que al Señor le agrada.

Para aclarar lo que espero sea obvio, no estoy intentando que no tengas noviazgos ni quiero que esto se vuelva un trabajo. Solo intento que puedas abordarlo de una forma distinta a como lo hace la mayoría. Puede que tengas *muchas* citas. Eso está bien. Pero selecciona bien con quién sales y, mientras te diviertes, también evalúa lo que sucede para que puedas ponerle fin a una relación equivocada, o bien avanzar hacia una meta si es que parece lo correcto.

> NO TE APRESURES EN ENTREGAR TU MENTE, TU CORAZÓN NI TU CUERPO A LA OTRA PERSONA.

En el noviazgo no debes apresurarte en entregar tu mente, tu corazón ni tu cuerpo a la otra persona. Debes tener ciertos límites, y los límites son bíblicos, son una de las cosas que Dios utiliza para ayudarnos a alcanzar nuestro propósito. Nos mantiene centrados en el fin para el que Él nos creó:

Por sobre todas las cosas cuida tu corazón,
porque de él mana la vida.
(Proverbios 4:23).

Tener límites es una forma de decir: «Voy a fijar mis ojos y mi corazón en las cosas que agradan a Dios. Tengo puertas a las que no puedes acceder tan fácilmente».

¿No ves lo importante que es poner una cerca? ¿Poner un alambre de púas alrededor de tu corazón? ¿Colocar perros guardianes? Si no lo ves, permitirás que tu corazón sea influenciado por las cosas incorrectas. Y, ¿por qué importa la condición en que esté tu corazón? «Porque de él mana la vida».

En caso de que estés en una relación en este momento, déjame ayudarte a hacerte a ti mismo las dos preguntas básicas que determinan si tienes un noviazgo para la gloria de Dios.

1. La persona con la que estoy saliendo, ¿le da la gloria a Dios?

Un noviazgo no le dará la gloria a Dios a menos que ambos sean sus seguidores. Entonces, sin importar lo que la otra persona diga acerca de su fe, la forma en que vive, en que habla, lo que ve y lo que escucha, ¿demuestran que realmente ama a Dios?

Oí a una mujer decir algo así: «Mi esposo es inteligente y tiene un buen trabajo. Sí, tiene algunos problemas. Pero los paso por alto porque en el fondo es una buena persona, y Dios me está mostrando que quiere que sea yo quien lo ayude a crecer».

¿Qué respondo a eso? «¡No! ¡Se supone que el hombre es quien debe guiarte *a ti*!».

Si le preguntara a un hermano qué le atrae de la mujer con la que está saliendo, me diría, si es honesto: «Que usa *leggins*. Se ve *bien* en *leggins*. Me *gusta* que use *leggins*».

¿Mi reacción? «Si a ella le gusta mostrar su figura a los hombres, ¿crees que solo porque ha comenzado a salir contigo ha dejado de mostrarse a otros hombres? A ellos también les gustan los *leggins*».

No estoy diciendo que la persona tenga que ser perfecta, pero sí tiene que intentar mejorar para convertirse en la próxima versión de quien Dios la llama a ser. Quiero ser específico para hacerte saber que si no entiendes que la persona con la que sales debe vivir su vida para glorificar a Dios, estás comenzando con los ingredientes equivocados.

2. La forma en que nos relacionamos, ¿le da la gloria a Dios?

¿Están los dos en la parte trasera de un auto empañando las ventanas en un estacionamiento por ahí? ¿Si alguien los viera quedaría horrorizado? ¿Serías capaz de decir algo acerca de tu relación con Jesús si la gente viera tus mensajes de texto?

Solo intento darte una fórmula para que veas si esta relación es buena para ti o no.

El tema del sexo es tan grande que voy a dedicarle dos capítulos. Pero lo cierto es que puedes llevar la intimidad a tal punto que, sin siquiera llegar al sexo, igualmente deshonrarías a Dios.

Dependiendo de quién y de cómo, si quieres un noviazgo que glorifique a Dios, tal vez debas terminar una relación, aunque la persona con la que sales supuestamente sea cristiana como tú. Debo abordar otra situación que es aún más básica que esa. He visto a muchos hermanos y hermanas que se metieron tontamente en problemas que no tenían que haberlo sido en lo absoluto.

NI SIQUIERA TE ACERQUES AHÍ

Génesis dice que Dios hizo a Eva como una «ayuda ideal» para Adán (2:18, NTV). Y él era una ayuda ideal para ella. Eran un equipo, el uno para el otro.

El noviazgo intencional busca ese tipo de compañerismo, esa «ayuda ideal».

El noviazgo recreativo muchas veces te hace tener todo lo contrario, una «ayuda no ideal».

«Yugo desigual» es un gran término bíblico para decir: «no te quedes con la persona incorrecta solo porque es buena y tiene unas cuantas monedas». Esto no vale la pena, porque tendrás una vida miserable intentando ir en una dirección cuando el otro va hacia el lado contrario. Es decir, literalmente comenzarás a sentir la distancia. Si uno avanza y el otro no, comenzarás a sentir esa tensión.

Ahora bien, sé que puede sonar duro, pero piénsalo. *Yugo* era un término utilizado para los bueyes en aquella época, era la viga de madera que iba sobre el cuello de estos animales. Nunca pondrías un buey fuerte al lado de uno débil porque no van a poder alcanzar el objetivo que es llevar el arado en línea recta sin forzar a uno y probablemente hacerle daño al otro. Por eso, los agricultores intentaban tener dos bueyes que fueran compatibles: para utilizar «yugos iguales». Esto les permitía a los bueyes lograr sus objetivos.

¿Ves la forma en que esto puede aplicarse a las relaciones? Insistir en tener yugos iguales no significa que eres un fanático religioso. Es por el bien de las dos personas que se sienten atraídas entre sí y aún más para una pareja casada. Es por la paz y el bienestar del presente y la productividad del futuro.

La paráfrasis en inglés de la Biblia «the Message» [El mensaje] dice lo siguiente acerca del yugo desigual: «No se asocien con los que rechazan a Dios. ¿Cómo puede la justicia asociarse con la maldad? Esa no es una sociedad, es una guerra» (2 Corintios 6:4). Una guerra. ¿No es así como se ven muchas relaciones? Si dices: «Siempre estamos peleando», debe ser porque estás con alguien que no va en la misma dirección que tú.

La Escritura continúa: «¿Acaso la luz es amiga de las tinieblas? ¿Acaso Cristo sale a pasear con el Diablo? ¿Acaso la confianza y la desconfianza van tomadas de la mano?» (2 Corintios 6:14-15). La respuesta a todas estas preguntas es «No». Jesús era amigo de pecadores —y nosotros también debemos serlo—, pero eso no es lo mismo que hacer una alianza (como unirse en una relación romántica, una sociedad de negocios o cualquier otra) con aquellos que tienen valores religiosos completamente distintos a los nuestros.

Ya es bastante malo en un noviazgo estar bajo un yugo desigual, cuánto más en un matrimonio. Entonces, si estás soltero, ni siquiera te metas por ese camino. ¿Hay alguien que quiere salir contigo y no se interesa por Dios como tú? Recuerda que, a veces, tener un noviazgo intencional significa no llegar siquiera a empezarlo. O, si ya estás saliendo con alguien y la forma en la que actúa y lo que intenta que hagas dejan claro que su fe no es lo que decía, es hora de salir de ese yugo y continuar.

> **SI NO ES BUENO COMO COMPAÑERO, NO ES UN BUEN PARTIDO.**

Sigue esta simple regla para ahorrarte angustias y conflictos, y para que no corras el riesgo de alejarte de Cristo mucho más de lo que crees: *si no es bueno como compañero, no es un buen partido*. Esto simplemente significa que si piensas que no te casarías con esa persona, no salgas con ella.

Encuentra a alguien que vaya en tu misma dirección. No alguien que sea perfecto, sino que esté progresando en su camino hacia Jesús.

AMISTAD INTENCIONAL

—Nos conocimos aquí en Transformation. Nos gustamos. Queremos pasar tiempo juntos y ver qué sucede —dijo Brandon—. Su nueva novia, Taylor, asintió. —Pero sabemos que no podemos salir de la misma forma en que salíamos antes con otras personas.

—¿Y eso por qué? —pregunté.

—Bueno... —dijo Taylor.

Resulta que, en el pasado, Taylor había tenido varias relaciones sexuales con hombres, la mayoría relaciones cortas, pero también algunas duraderas y con convivencia incluida. Uno de sus novios, un pandillero, la había involucrado en la actividad criminal, y ella todavía estaba tratando de negociar su salida de la cárcel.

Por su parte, Brandon había tenido algunas relaciones sexuales con personas de ambos sexos. En la más reciente, había estado viviendo con un hombre. Él tenía problemas con la masculinidad y con cualquier tipo de autoridad.

En otras palabras, Brandon y Taylor habían tenido relaciones normales según los valores del mundo. Y también habían obtenido los resultados normales: mucho dolor y confusión. Daba la impresión de que cada relación les había quitado más de lo que les había dado, pero ambos habían encontrado a Cristo en el último año y habían sido transformados por Dios de forma radical; ahora estaban listos para encarar una relación de forma diferente.

SI TE HAS EQUIVOCADO

Tal vez has comenzado una nueva relación con las mejores intenciones.. pero caíste moralmente una vez más, como en los viejos tiempos.

¿Mi consejo? Cuando eso te suceda, reacomódate enseguida. No te quedes allí cuando caigas. Ve a Dios, sé honesto, dile que lo sientes y vuelve enseguida a hacer lo que le agrada a Él. Eso es el arrepentimiento.

Dios no te va a castigar por tu error. Si Él sabe que tu corazón está en el lugar correcto, te llevará aún más lejos del lugar al que tú quieres llegar.

Siete veces podrá caer el justo, pero otras tantas se levantará (PROVERBIOS 24:16).

Si confesamos nuestros pecados, Dios, que es fiel y justo, nos los perdonará y nos limpiará de toda maldad (1 JUAN 1:9).

—Reunámonos con Natalie —dije—. Tenemos un enfoque distinto que queremos compartir con ustedes.

Nat y yo comenzamos a reunirnos ocasionalmente con Taylor y Brandon. Los iniciamos en un programa que tenemos para formalizar el proceso de noviazgo intencional para las personas que lo deseen. Yo lo llamo amistad intencional. Después de todo, la amistad es el epicentro de toda relación y una buena amistad se forma con el tiempo.

Durante un tiempo, hablamos con Taylor y Brandon acerca de sus miedos y de sus expectativas. Hicimos que se pusieran de acuerdo para establecer límites en sus relaciones físicas, y que debatieran sobre temas referentes a su relación. Luego, volvimos a reunirnos para hacer un informe.

Les pregunté qué había significado para ellos ese tiempo de amistad intencional.

Brandon dijo:

—Nos hizo examinar nuestras pasiones. Nos permitió dejar en claro lo que queremos hacer en la vida y a pensar en cómo podríamos ayudarnos entre nosotros. Nos gustamos más que nunca y queremos seguir pasando tiempo juntos.

No toda pareja que atraviesa el programa de amistad intencional permanece unida, pero Taylor y Brandon pronto se dieron cuenta de que se querían. Un año después de conocerlos, tuve el honor de oficiar su boda. La ceremonia fue una celebración de amor y un testimonio de la capacidad de Dios para cambiar a las personas cuando se rinden a Él.

NOVENTA DÍAS
PARA BORRAR EL DÉFICIT RELACIONAL

Hay un déficit relacional muy común en nuestros días porque el noviazgo recreativo no cumple lo que promete. Y, ya sabes lo que quiere decir la palabra *insensatez*: es hacer lo mismo una y otra vez esperando resultados diferentes. ¿Y si intentamos un método distinto en el noviazgo?

Voy a enseñarte lo mismo que Natalie y yo les enseñamos a Brandon y a Taylor, así como también a otras parejas que venían de relaciones complicadas y querían intentar un método que los llevara a encontrar a sus parejas sin destrozar sus corazones en el proceso. En un momento en el que las relaciones se vuelven «oficiales en Facebook» de la noche a la mañana, necesitas tomarte un tiempo (sin nadie presionando u opinando) para ver si realmente te atrae la otra persona, si sus valores están alineados y si pueden ayudarse entre sí a convertirse en quienes están destinados a ser.

¿No te gustaría tener el camino despejado hacia una relación sana?

EL NOVIAZGO RECREATIVO NO CUMPLE LO QUE PROMETE.

Tómense noventa días para conocerse sin presiones. ¡*Vaya!* «¡¿Noventa días?!» Oye, solo son tres meses, menos de lo que dura una temporada de fútbol americano. No es un tiempo tan largo para establecer una amistad intencional si te pones a pensar que puede llevarte a un noviazgo intencional, que te puede llevar a un matrimonio, ¿no?

Si puedes, atraviesa este proceso con consejeros, como un matrimonio de confianza que sea sabio en los caminos del Señor. La primera vez que te reúnas con ellos, será como una vía de acceso a una relación. La última vez que lo hagas, al final de los noventa días, será como una calle para salir de la relación fácilmente, si es que no ha funcionado, o, por el contrario, como una luz verde para continuar el viaje y ver hacia dónde los lleva.

1. Hablen de sus miedos en la relación

Escriban sus tres mayores temores de tener una relación y compártanlos con la otra persona. Algunos de esos temores podrían ser: «sentirme presionado para que la relación sea más física de lo que quiero»; o «contar mis secretos más profundos y que el otro se los cuente a sus amigos»; o «que no me den la debida importancia»; o «construir mis esperanzas y verlas arruinadas».

Al hacer esto, cada uno sabe algo acerca de las expectativas propias y del otro. Se tiene la oportunidad de proteger el corazón del otro y de responsabilizarse de esa vulnerabilidad más adelante. Por ejemplo, si ella dice que quiere mantenerse virgen hasta el matrimonio y él la presiona para tener sexo, eso demostraría que a él no le importan sus valores.

2. Pónganse de acuerdo en los límites

Sin importar la edad o la experiencia que tengas, si quieres tener una relación pura y no crear un lazo físico demasiado fuerte antes del matrimonio, necesitas ponerte de acuerdo desde el principio acerca de lo que harán y de lo que no. Tal vez pienses: *No necesito límites. Ya crecí.* Bueno, tus dolores, decepciones y frustraciones también. Los límites no son malos, en realidad son una bendición.

Estas son algunas reglas de viaje para que no tengas un accidente en el camino.

- *Establezcan un toque de queda.* Cada cita debe tener un horario de finalización. Tomen la decisión de que uno de ustedes se vaya a casa siempre a la medianoche o a la hora que acuerden.
- *¿Qué contactos no están permitidos?* Tal vez sean los abrazos que duren más de treinta segundos, los besos con lengua o cualquier otra cosa. Deben saber cuáles son los detonantes que pueden llevarlos a terminar en una relación sexual.
- *¿Qué más ayudaría?* Podrían ponerse de acuerdo en no ver películas que contengan escenas de sexo o en no mandarse mensajes que sean demasiado sugestivos. Muchas parejas acuerdan no pasar el rato en posición horizontal (acostados en un sofá o en una cama, por ejemplo), sino solo en posición vertical.

Este tipo de límites pueden parecer pequeños y no pretenden ser legalistas, pero, en cierta forma, ayudan a las personas a no sucumbir a las tentaciones naturales, crean un espacio seguro para aprender uno del otro y fomentan menos el contacto físico y más, las charlas.

3. Tengan conversaciones concretas

Puede ser difícil conversar cuando no se conocen bien entre ustedes. Por eso, pueden leer un libro sobre relaciones y hablar de él. Eso los ayudará a conocerse y comenzar a ver si son la persona adecuada para el otro.

Yo les recomiendo a las parejas que lean *Los cinco lenguajes del amor* de Gary Chapman. Eso les dará una idea de cómo piensa la otra persona, y los ayudará a darle un marco a la relación. Por ejemplo, si uno ama recibir regalos, el otro debería estar preparado a abrir su billetera de vez en cuando. Esto también puede evitar que cometas errores. Si a alguien le gusta el tiempo de calidad y al otro le encanta el contacto físico, deberían establecer límites físicos firmes porque uno querrá sentarse en el sofá tranquilo todo el tiempo y el otro querrá contacto físico, y esa es la receta perfecta para tener un bebé.

Después de noventa días, tengan una conversación para ver dónde están parados. ¿Se sienten atraídos el uno por el otro? ¿Hay luz verde o luz roja?

Siempre animo a las personas a prestar atención a los *hábitos* y no al *potencial*. Todos tenemos el potencial para ser mejores en nuestras áreas más débiles, pero, ¿podemos convivir con los hábitos del otro? Por ejemplo, tal vez te parezca que ella es una persona que coquetea con los demás, pero ella dice que solo es su personalidad, pues es alegre y le gusta hablar con todos. ¿Puedes convivir con eso? Tal vez en algún momento haya una transformación en esta área, pero aun así, no está en los planes.

Puede que quieras avanzar hacia un noviazgo, con la esperanza de llegar al compromiso y al matrimonio, o puede que decidas darlo por terminado. (El próximo capítulo te ayudará más a tomar esta decisión). Si decides terminar aquí, quizás la ruptura se dé sin todo el dolor desgarrador que puede haber cuando una pareja de novios está muy arraigada. En lugar de sentir que has perdido, puedes sentir que has ganado: te has divertido, has conocido a alguien y has obtenido algunas herramientas que puedes utilizar la próxima vez que tengas una relación.

Tu meta del matrimonio aún sigue viva y sana.

BRILLA

Seamos honestos. Salir con alguien solo por diversión y sexo e ir de persona en persona puede ser muy emocionante. Por eso, aunque *quieras* tener un noviazgo consagrado e intencional, quizás no estés seguro de *quererlo* realmente… si entiendes a lo que me refiero. O incluso aunque realmente lo *quieras*, puedes no estar seguro de *poder* realizarlo, porque sería muy fácil regresar a tus viejas costumbres.

De nuevo, esto no solo sucede en las relaciones románticas. ¿Podrás dedicar tiempo en averiguar acerca de la integridad de las personas que forman parte de tu cadena de proveedores? ¿Podrás resistir cuando tu amigo de toda la vida, que sigue consumiendo las sustancias que tú dejaste, te vuelva a buscar y quiera pasar tiempo contigo? Tal vez no estés tan seguro de poder hacer lo correcto.

Nat y yo pasamos por nuestros propios diez meses de insensatez. Otros han vivido la insensatez de la forma moderna de relacionarse. Necesitamos una forma distinta de noviazgo, y tenemos que creer *que realmente podemos hacer un cambio.*

Lee este versículo sobre las *metas en las relaciones*: «Dios trabaja en ustedes y les da el deseo y el poder para que hagan lo que a Él le agrada» (Filipenses 2:13, NTV). Ya sea en tus noviazgos o en cualquier relación, cuando invitas a Dios a la escena, Él te da el *deseo* de hacerlo bien y luego lo financia, te da el *poder* de hacerlo de la forma en que a Él le agrada. Así de bueno es nuestro Dios. ¿Puedes decir amén?

> **TRATÁNDOSE DE RELACIONES, DIOS TE DARÁ EL *DESEO* Y EL *PODER* PARA HACERLO BIEN.**

El mismo pasaje continúa diciendo: «Lleven una vida limpia e inocente como corresponde a hijos de Dios y brillen como luces radiantes en un mundo lleno de gente perversa y corrupta» (versículo 15). Tu noviazgo debe brillar, y eso facilitará que el resto de tu vida relacional brille también.

5 ¿TIENE QUE TERMINAR?

Sigue hablando tonterías, está bien.
Pero, ¿puedes caminar y hablar a la vez?
—BEYONCÉ, «Irreplaceable» [Irremplazable]

¿Es el destino, o el azar,
o es que he encontrado mi alma gemela?
—DRE, «Soulmate» [Alma gemela]

Hagamos un repaso rápido del capítulo anterior: el noviazgo debe ser solo una fase de una relación. No debe ser algo que se mantenga durante el tiempo que te interese la otra persona y se diviertan juntos, o solo porque estés cómodo. En el noviazgo intencional, debes intentar descubrir si la persona con la que sales es la correcta para casarte. Entooonces...

En algún momento, esta fase tiene que finalizar de una forma u otra. Es decir, pon un anillo o termina.

PON UN ANILLO O TERMINA. } ¿Podemos ser sinceros? ¿Cuántos de nosotros anteriormente hemos desperdiciado tiempo en relaciones? La respuesta es: prácticamente todos.

Hemos pasado mucho tiempo innecesario en relaciones que al final no nos beneficiaron.

Si nos llegara una carta al comienzo de cada relación en la que nos dijeran cuál va a ser el final, terminaríamos algunas mucho antes. Si una carta te dijera: «Vas a desperdiciar cuatro años con esta persona; cuando terminen, vas a tener la autoestima más baja y vas a odiar a todos los que te rodean», ¿aun así querrías tener esa relación? Supongo que pensarías: ¡Diablos, no! Eso no es lo que quiero. Muchas veces es difícil ver el panorama completo cuando estamos dentro de él.

Y, como siempre, lo que voy a decir en este capítulo no es aplicable solo a las relaciones de noviazgo, sino a todas las relaciones que puedan influenciar nuestra vida. Puede que sea difícil para ti darte cuenta de que has estado en un negocio con el socio equivocado cuando ya están trabajando juntos. Puede ser difícil descubrir que un amigo no es bueno para ti después de haber ido a todos lados juntos y haber celebrado juntos los logros de la vida. Pero este tipo de relaciones, al igual que las amorosas, pueden llegar a un punto en el que necesitemos terminarlas.

Sin importar en qué relación estés, quiero ayudarte a ver cuál es la mejor forma de responder esta pregunta: ¿es necesario que termine?

• • •

Déjame hacerte una advertencia. Si estás casado, algunas de las cosas que voy a decir en este capítulo podrían revelar trabas o problemas en tu matrimonio. Lo creas o no, eso es algo muy bueno para ti porque te muestra en qué puedes trabajar con tu pareja. Pero quiero ser claro en esto: no estoy pidiéndote que consideres terminar tu matrimonio.

Malaquías dice que el matrimonio es sagrado y que Dios aborrece el divorcio (2:13-16). Se ha establecido un pacto entre tú y tu cónyuge. Hay varios motivos por los cuales un divorcio sería necesario, y hablaré de eso en el capítulo 8, pero si estás casado, reconocer los problemas que menciono en este capítulo no debería llevarte a un abogado, sino a un consejero.

Eso no significa que este capítulo sea irrelevante para ti. Como dije, vas a poder aplicarlo a otras relaciones de tu vida, pero, ¿tu matrimonio? ¡Dios quiere que luches por él! Una hermosa historia narra cómo Dios le vuelve a dar vida a un matrimonio que parecía estar muriendo.

• • •

Entonces, ahora, vamos al punto. Si has estado con alguien durante un tiempo, debes haber conocido muchas cosas sobre esa persona (y sobre ti mismo) que te llevaron a decidir que debías tener esa difícil conversación acerca de la separación. Es algo que nunca debes dejar pasar si estás con alguien que se interpone en el camino de los planes y propósitos a los que crees que Dios te está llamando.

Nadie es perfecto. Tú no eres perfecto. Tu amorcito no es perfecto. En lo absoluto. No se trata de rechazar a alguien porque no es lo suficientemente lindo o porque tiene una costumbre molesta o, Dios no lo permita, porque no combina con esa foto retocada de Instagram con el hashtag #RelationshipGoals que tienes en mente. Se trata de descubrir si hay un problema en la relación tan serio como para que te aleje de la persona que deberías ser en Cristo.

No conozco los detalles de tu relación, así que no puedo decirte si necesitas terminarla o no. Solo *tú* puedes decidir eso, mientras te esfuerzas por escuchar lo que Dios quiere de ti. Todo lo que digo es que si el zapato te aprieta, es decir, si eres talla 10,5 y los zapatos que te estoy dando son talla 10, pruébatelos y evalúa si vale la pena comprarlos.

¿UNA PAREJA HECHA EN EL CIELO?

Tengo dos amigos cercanos, T y Valeria. Luego de estar en los mismos círculos sociales durante años, se dieron cuenta de que se gustaban y comenzaron a salir. Ambos tenían relaciones consagradas con Dios, estaban caminando hacia su propósito, y Dios les había dado el don de influir en los demás desde antes de que comenzaran a salir.

Parecía una pareja hecha en el cielo, pero resultó ser más bien un combate de lucha profesional. Esa relación se ahogó en palabras crueles, conductas controladoras, actitudes irracionales y desórdenes emocionales. Solo fue cuestión de tiempo que uno arrinconara al otro, mientras el árbitro contaba «1, 2, 3...» y el partido (es decir, la pareja) se terminara.

Como a mucha gente, a mí me sorprendió bastante que estas dos bellas personas hubieran tenido una relación tan fea. Cuando Valeria y T hablaron conmigo por separado acerca de los motivos de su separación, ambos dijeron que su noviazgo se volvió una prioridad por encima de su relación con Dios. Y luego entendí todo. Noviazgo > Dios siempre es una fórmula peligrosa porque comenzamos a guiarnos por nuestros sentimientos en lugar de tener la dirección y la sabiduría de Dios.

Antes planteé la pregunta siguiente: ¿es necesario que termine? No es una especulación libre. En el caso de Valeria y T, tenía que terminar porque su relación comenzó a afectar las cosas que ellos sabían que debían hacer. Y, para muchas otras parejas de novios, su felicidad de hoy y sus bendiciones del futuro dependen de que tomen esa decisión.

LOS QUE ABANDONAN SÍ GANAN

Piensa en esto:

- Cuando Dios quiere bendecirte, ¿cómo lo hace? Envía personas a tu vida.
- Cuando el diablo quiere distraerte o destruirte, ¿cómo lo hace? Envía personas a tu vida.

Las personas que llegan a nuestras vidas son una bendición o una maldición. Está en nosotros poder descifrar si esa relación me va a acercar a lo que Dios tiene para mí o si me va a alejar de eso.

Dicho de otra forma: algunas relaciones en tu vida pueden ser más un pasivo que un activo. (Para los que no saben de contabilidad, los pasivos restan y los activos suman). Entonces, ¿qué relaciones de tu vida están restándote? Restándote paz, restándote felicidad, restándote tiempo, restándote algo que nunca podrás recuperar. Puede que tengas personas en tu vida que son siempre negativas, personas que siempre generan conflictos, que te dicen la verdad, pero tienden a tomar decisiones incorrectas. Ellos te succionan, te quitan y te dificultan llegar a ser quien estás destinado a ser.

ALGUNAS RELACIONES PUEDEN SER MÁS UN PASIVO QUE UN ACTIVO.

El plan de Dios es que las relaciones de nuestras vidas nos ayuden y nos hagan avanzar hacia la plenitud. El principal motivo por el que escribí este libro fue el deseo de ayudar a otros a triunfar en las relaciones. Pero no puedes hacerlo si la persona que está cerca de ti está bloqueando tu progreso.

Así que haz un inventario. Escribe una lista de tus conocidos, amigos, hermanos, hermanas, colegas, mentores, estudiantes, familiares, socios, compañeros de equipo, clientes, seguidores, fanáticos, simpatizantes, novio, novia, mamá o papá de tu hijo, amigo o amiga con beneficios, prometido, prometida, cónyuge, líder espiritual, pastor, quien quieras. Mi pregunta es: ¿están agregando valor a tu vida o quitándote tu verdadero valor?

Le he pedido a Dios que me ayude a responder esa pregunta en lo que se refiere a mis propias relaciones. Él me dijo: «Michael, algunos de los problemas que enfrentas son el resultado de las personas que abrazas». Sabía a qué se estaba refiriendo. Había personas en mi vida que eran codiciosas, a las que no les importaba yo ni se interesaban por las cosas de Dios. Entonces, tomé la decisión de invertir solo en relaciones que fueran recíprocas. En otras palabras, relaciones en las que los demás también pusieran cosas sobre la mesa. Esto ha profundizado y enriquecido mis relaciones y me ha ahorrado mucho tiempo y dolor, ya que las personas que abrazo en mi vida me devuelven ese abrazo. ¿Alguna vez intentaste darle un abrazo a alguien que no quería abrazarte? Es incómodo y, honestamente, es terrible.

Déjame decirte algo más que he aprendido. Cuando comienzas a observar y a evaluar la historia de tu vida, puede que te des cuenta de que tienes una tendencia a atraer al mismo tipo de personas negativas una y otra vez. Por ejemplo, tal vez eres una mujer que tiene serios problemas con los «chicos malos». Ya sabes de qué clase de chicos te estoy hablando: atrevidos, rebeldes, esa clase de personas que nunca le presentarías a tu mamá. Te deshiciste de uno y este simplemente regresó con un rostro distinto. Piensas: *Ya te olvidé, Gerald. Nunca más voy a salir con un chico malo.* Y luego aparece Ricky, y también es un chico malo. Luego te libras de Ricky y ahora estás con Ramón, otro igual. Y te libras de Ramón, y luego está Lawrence.

LA CONFIANZA ES RECOMPENSADA

Es más importante en qué pones tu fe que cuánta fe tienes. Entonces, si perder la seguridad o la familiaridad en una relación te pone nervioso (aunque sepas que no ha sido buena para ti), confía en Dios para que te guíe en el tiempo de la separación y te cuide cuando estés del otro lado. Él es fiel.

Lee estos versículos que han reconfortado a los creyentes durante miles de años:

Confía en el Señor de todo corazón,
  y no en tu propia inteligencia.
Reconócelo en todos tus caminos,
  y él allanará tus sendas
    (PROVERBIOS 3:5-6).

Al de carácter firme
  lo guardarás en perfecta paz,
  porque en ti confía (ISAÍAS 26:3).

Así que no temas, porque yo estoy contigo;
  no te angusties, porque yo soy tu Dios.
Te fortaleceré y te ayudaré;
  te sostendré con mi diestra victoriosa
    (ISAÍAS 41:10).

No se angustien. Confíen en Dios, y confíen también en mí (JUAN 14:1).

Y Dios, que examina los corazones, sabe cuál es la intención del Espíritu, porque el Espíritu intercede por los creyentes conforme a la voluntad de Dios. Ahora bien, sabemos que Dios dispone todas las cosas para el bien de quienes lo aman, los que han sido llamados de acuerdo con su propósito (ROMANOS 8:27-28).

El común denominador en una situación como esta... eres tú. Aprende algo de ello. Los problemas que enfrentas se deben a la clase de personas a las que abrazas de forma repetitiva. Debes deshacerte de todo ese tipo de gente en tu vida y encontrar otro tipo de personas. Las Escrituras dicen que deberías hacerlo.

Lee también lo que dice Hebreos 12:1 (NTV): «Quitémonos todo peso que nos impida correr». El versículo menciona específicamente un tipo de peso: «el pecado que tan fácilmente nos hace tropezar». Pero hay otras clases de pesos y cargas, incluso el pasivo relacional.

Toda relación que no te hace avanzar hacia tu propósito, está retrasándote. Es decir, tal vez tú estás saliendo con una persona insegura y siempre estás perdiendo tiempo justificándote porque tu amorcito cree que tienes segundas intenciones. Cuando intentas decir algo constructivo para ayudar a tu pareja, ella cree que la estás atacando porque estás celoso, pero no es así. ¿De veras esto está ayudándolos a alguno de los dos?

¿De las personas que te rodean cuál te está retrasando?

En Hebreos, esta idea se sitúa en la escena de una carrera en un gran estadio, con una línea de llegada al final de la pista. «Corramos con perseverancia la carrera que Dios nos ha puesto por delante».

Imagínate por un minuto que estás en una pista y que Dios te dice: «No quiero que nadie entre en tu carril y te haga tropezar, porque tengo una carrera para que tú corras y quiero que lo hagas con perseverancia. Si corres esta carrera a la que te convoqué, vas a ganar un premio y vas a estar satisfecho, porque lo que quiero hacer de tu vida es mejor que cualquier otra cosa que hayas deseado para ti. Así que necesito que confíes en mí. Pero hay algo que debes hacer: ¡debes quitarte de encima todo este peso!».

Si encuentras una pareja que ama a Dios y que es un buen partido para ti, puede ayudarte a ganar la carrera de la vida que Dios ha puesto frente a ti, y tú puedes ayudarla a ganar la suya. Pero si la persona con la que sales está constantemente tirándote hacia abajo o retrasándote, seguirá haciéndolo aun cuando se casen. Sé paciente y ten gracia, pero si las cosas no cambian, debes irte, es mejor terminarlo temprano que tarde. Múdate si tu compañero de cuarto es una mala influencia. Deja la clase si el profesor te hace dudar de lo que vales. Vete si tu amigo sigue fomentando el conflicto y los chismes. Mantente lejos si tu compañero de equipo te incita a bajar tus condiciones. Y, por favor, no seas tolerante con ese novio o esa novia que te golpea. Termina la relación *ya*.

¿Aún no estás seguro con algunas relaciones, como esas en las que hay más grises que blancos y negros? ¿Sigues reacio a apretar el gatillo y decir que se terminó? Como siempre, la Palabra de Dios puede ayudarte.

ABRAHAM Y AGAR: DOS FORMAS DE SABER SI UNA RELACIÓN DEBE TERMINAR

Abraham es el padre de nuestra fe. Él no era perfecto, pero estaba dispuesto a obedecer a Dios. Un día (Génesis 15), Dios le prometió a Abraham que tendría un hijo. Abraham le creyó, pero los años pasaron y tanto él como su esposa Sara envejecieron. Se pusieron muy viejos. De veras.

Génesis 16 dice que Sara se cansó de esperar y pensó: *Ya estoy vieja y desgastada. Abraham está viejo y desgastado. Ya sé que no puedo tener hijos, pero a él le deben quedar un par de "jugadores" aún. Debo ir y emparentarlo con alguien más joven, que aún esté en edad reproductiva y pueda tener su bebé.*

Entonces, ella le dijo a Abraham:

—Bueno, el Señor me ha impedido tener hijos, así que ve y duerme con mi sirvienta Agar.

Abraham puso cara de asombro y dijo:

—Espera, espera. ¿Quieres que haga qué?

—Ya me oíste, cariño. Ve y duerme con Agar. Quizás ella pueda darte hijos.

Abraham dijo:

—¿Sabes qué? Eres muy inteligente. Me casé con una mujer muy inteligente.

(O así es como me lo imagino).

Entonces, Abraham embarazó a Agar y ella tuvo un hijo, Ismael. Al principio, la situación era un poco incómoda en la casa, pero con el tiempo todos se adaptaron.

Pasaron los años. Abraham y Sara se volvieron aún más viejos.

Sin embargo, en Génesis 21 vemos que la promesa de Dios finalmente se cumple. Sara se equivocó cuando pensó que el Señor le había impedido tener hijos; Él solo quería que esperara. Sara, ya canosa y anciana, dio a luz a Isaac.

El hijo de Agar, Ismael, ya era un adolescente para ese momento y, al igual que otros adolescentes que conozco, debió ser difícil de manejar. Cuando Ismael se burló del nuevo bebé, Sara se enojó mucho. «Cariño, debes echar de aquí a esa mujer y a su hijo problemático. De todos modos, ya no los necesitamos. Tenemos a Isaac: Él es tu descendencia».

Abraham decidió que debía poner esto en oración.

Dios le dijo: «Dile a Sara que se calle. No vas a echar a tu amante y a tu primogénito. Eso es malvado». No, no, no, ¡no le dijo eso! Aunque no lo creas, Él dijo: «Anda, diles que se marchen. Aunque desobedeciste e intentaste adelantarte a mis tiempos y no fuiste fiel a las instrucciones que te di, está bien. Tus dos hijos van a estar bien porque voy a ocuparme de ellos».

Todo esto nos muestra dos de las razones básicas para una separación.

1. Cuando te das cuenta de que tú comenzaste la relación y no Dios

Dios les hizo a Abraham y a Sara una promesa, pero ellos vieron su situación y quisieron «ayudar» a Dios a hacer lo que Él había dicho que iba a hacer. Todo lo que tenían que hacer, en realidad, era esperar. Isaac iba a venir en el tiempo de Dios, pero ellos fueron impacientes y sintieron que debían hacer algo. Allí es cuando Sara tiene la brillante idea acerca de Agar, y Abraham le sigue la corriente sin que ella le insistiera mucho y sin consultarle al Señor.

¿No es así como solemos meternos en malas relaciones románticas? En lugar de esperar que Dios nos traiga a la persona correcta en el momento indicado, estamos tan *impacientes* por tener amor que intentamos encajar en la escena a una persona que no es la correcta.

NO PUEDES APURAR EL TIEMPO DE DIOS.

Lo mismo puede pasar con las amistades, con los compañeros de cuarto y con otras relaciones. No importa, no puedes apurar el tiempo de Dios para hacer lo que Él va a hacer. Todo lo que puedes hacer es obedecerlo con paciencia.

Cuando no esperamos en el Señor, le damos la oportunidad al enemigo de presentarnos cosas falsas. Luego, debemos lidiar con los resultados de nuestros errores, y debemos liberarnos y sanar de algo que Dios nunca quiso que viviéramos.

Solo quiero que veas que cuando comienzas relaciones que Dios no planeó, siempre terminarán mal para ti (¡y para los demás!). Ismael no tenía nada que ver con la promesa de ese hijo que Dios le había hecho a Abraham. La impaciencia de Abraham y Sara no solo les causó dolor, sino que hirió a todos. Agar, que era una sierva obediente, fue expulsada al desierto, e Ismael que, sí, era un de niño vandálico, creció sin un padre. Ambos sufrieron por las decisiones apresuradas de otras personas. Hubo repercusiones negativas por todos lados. (Dado que el pueblo judío es descendiente de Isaac y los árabes musulmanes se llaman a sí mismos ismaelitas, se podría decir que esa rivalidad entre hermanos continúa hasta el día de hoy).

Si estás saliendo con alguien, mi pregunta para ti es: ¿estás comenzando esa relación solo porque estás impaciente por estar con alguien, o porque tienes la sensación real de que Dios quiere traer a esa persona a tu vida como parte de su plan para ti? Si esta relación la empezaste *tú*, y no Dios, ¡quítate la carga!

2. Cuando la relación interfiere con tu promesa

Ismael fue producto de la impaciencia. Si lo piensas, él ni siquiera debió estar allí. Y cuando Sara vio que Ismael —el producto de ese atajo que ella y Abraham habían tomado— molestaba a Isaac y se burlaba él, su hijo, el hijo prometido, dijo: «tienen que irse».

De la misma manera, puede que tú tengas que indignarte con relaciones y personas que han estado robándote tu promesa y molestándote, y necesitas decir: «¿Sabes qué? Sé que tuvimos algo bueno durante un tiempo, pero debes irte».

¿Quieres que te dé algunos ejemplos prácticos? Es como si estuvieses en una relación que solo engendra lujuria, y comenzara a hostigarte o a interferir en tu pureza. La pureza es la promesa que Dios tiene para ti como creyente de Jesucristo, pero si tu relación está interfiriendo con esa promesa, es momento de que termine. O, tal vez, puedes tener una relación con alguien que no te deja ser libre y te monopoliza. Esa relación hace que te aísles, que te alejes de tu familia, de tus amigos o de la Iglesia. Ese aislamiento interfiere en la comunión santa que Dios quiere que tengas.

Si has estado de novio o si te has comprometido con alguien que no te permite ser todo lo que Dios quiere que seas, debes dejarlo ir. Dios te dio promesas por una razón: quiere que las cumplas.

MEJOR TEMPRANO QUE TARDE, MEJOR TARDE QUE NUNCA

Ben no podía entender por qué no se sentía más feliz luego de que su novia, Tina, aceptara su anillo y comenzaran a planear su boda. No se trataba de que fuera demasiado joven para el matrimonio, pues tenía unos cuarenta años, y tampoco era que no conociera lo suficiente a Tina, pues habían estado saliendo durante cinco años.

Entonces Ben hizo algo inteligente: habló con un mentor, un hombre mayor de la iglesia. Tener a personas sabias y maduras que hablen a nuestras vidas es más importante que nunca cuando el problema es un asunto del corazón y puede que no estemos viendo con claridad.

El mentor de Ben comenzó a sondear y enseguida se dio cuenta de algunas cosas. Ben había estado ignorando intencionalmente algunas luces rojas en su relación con Tina durante años. Además, desde hacía poco, ella había estado presionándolo para casarse. Ben sentía culpa por retenerla tanto tiempo, y además pensaba que ya era muy viejo como para encontrar a otra persona, así que le propuso matrimonio a Tina solo por el tiempo que llevaban juntos, por así decirlo.

—¿Desde tu punto de vista, ¿cuáles son los problemas de esta relación? —le preguntó el mentor.

Ben pensó en ello.

—Una cosa es que quiere todo mi tiempo. Supongo que se podría decir que es demandante emocionalmente. Me gusta estar con ella, pero no me deja tiempo suficiente para hacer otras actividades que me gustan. Otra cosa es que a ella no le agradan mis amigos. Quiere que salgamos con sus amigas. Bueno, en realidad yo siento que necesito a mis amigos. No solo disfruto estar con ellos, sino que ellos me mantienen en el camino recto y angosto.

Como le aconsejó el mentor, Ben tuvo una charla con Tina y le dijo que necesitaban aplazar el compromiso mientras él reflexionaba en algunas cosas. A Tina le dio un ataque. Podrás imaginarte algunas de las palabras que salieron de su boca… Al final le dijo:

—Olvídalo. Me voy.

Hoy en día Ben sigue soltero, pero está más contento y productivo de lo que ha estado en los últimos cinco años.

Lo que podemos aprender de Ben es que es mejor hacernos esta pregunta más temprano que tarde: ¿esta relación me aleja de Dios o me acerca a Él? A medida que la relación se prolongaba, más daño le hacía tanto a Ben como a Tina.

> **¿ESTA RELACIÓN ME ALEJA DE DIOS O ME ACERCA A ÉL?**

Aunque hayamos esperado más de lo que deberíamos para evaluar una relación, es mejor hacerlo hoy que hacerlo mañana. Antes de que el ministro los declare marido y mujer, no es demasiado tarde para reevaluar la situación y, en caso de separarse, comenzar un mejor camino.

Si eres como Ben y necesitas terminar una relación, ¿cuál es la mejor forma de hacerlo? Regresemos a la familia disfuncional de Abraham para tener una idea más clara…

ABRAHAM Y AGAR: TRES CUALIDADES DE UNA BUENA SEPARACIÓN

En primer lugar, puede que el padre Abraham no haya actuado muy sabiamente al comenzar una relación con Agar, pero cuando llegó el momento de terminarla, hizo lo correcto. Toda esta parte de la historia sucede en un solo versículo, pero puede enseñarnos mucho acerca de cómo separarnos: «Al día siguiente, Abraham se levantó de madrugada, tomó un pan y un odre de agua, y se los dio a Agar, poniéndoselos sobre el hombro. Luego le entregó a su hijo y la despidió» (Génesis 21:14).

1. Termínala rápidamente

Primero, vemos que «Abraham se levantó de madrugada». Ahora, si él no hubiera estado decidido a terminar la relación como Dios le había dicho, hubiese dormido hasta tarde ese día. Pero Dios había estado de acuerdo con el pedido de Sara de despedir a Agar y a Ismael. Entonces, Abraham lo terminó rápidamente.

Tal vez tú estás aferrado a una relación que sabes que no es buena para ti. Quizás te dices a ti mismo que vale la pena intentar que las cosas funcionen. O estás esperando el «momento oportuno» para terminarla. Nunca habrá un momento oportuno. Yo opino que tienes que terminarla y que tienes que hacerlo rápido.

2. Termínala cordialmente

Abraham «tomó un pan y un odre de agua, y se los dio a Agar, poniéndoselos sobre el hombro». Ni siquiera hizo que un sirviente empacara las provisiones. Fue y lo hizo él mismo. Iba a terminar esta relación rápidamente, pero no tenía que ser malo y desagradable por eso. Lo hizo con bendiciones.

Si el carácter de Dios se está desarrollando en ti, entonces deberías terminar una mala relación de forma generosa, como Abraham. Incluso aunque la otra persona te haya hecho mal, o haya hablado mal de ti a otros, despídela con una bendición. Ten una charla final para cerrar la relación. Devuélvele las cosas que te dio. Sé agradecido y deséale el bien. Todo esto excepto si la relación ha sido abusiva y una separación cara a cara podría ser peligrosa para ti.

Romanos 12:18 dice: «Si es posible, y en cuanto dependa de ustedes, vivan en paz con todos». *Si es posible. En cuanto dependa de ti.* Seamos sinceros, algunas personas están locas. Si estás ligado a alguien así, tal vez sea mejor enviar un mensaje de texto como: «No me vuelvas a llamar» y bloquearlo. Pero si puedes ser una bendición en el camino de salida, hazlo.

3. Termínala claramente

«Luego le entregó a su hijo y la despidió» (Génesis 21:14). Me da la impresión de que Abraham no se detuvo a decir: «¿Recuerdas cuando...?», «No sé qué es lo que pasa» o «Tal vez es solo por un tiempo». Abraham dijo: «Debes irte». Apuesto a que eso fue difícil, pero Abraham terminó su relación clara, definitiva e intencionalmente.

Muchas personas ponen fin a sus relaciones de manera muy vaga, diciendo cosas como: «Ya sabes, es solo un momento.

Creo que debemos tomarnos un tiempo». Eso deja una puerta abierta para que regresen las personas y los problemas.

Recuerda: estás terminando una relación porque te está robando tus promesas y bloqueando tu propósito. No seas pasivo en esto. Puedes ser muy correcto y a la vez decirlo con claridad: «Se terminó. Esto es todo. Debes irte».

LA SEPARACIÓN NO ES LO MÁS DIFÍCIL

Sé que puedes pensar que para mí es fácil decirte que deberías terminar una relación. No sé qué significa esa relación para ti. No sé lo que tú y la otra persona han pasado juntos. Puede que seas emocionalmente dependiente o que estés muy involucrado físicamente y sientas que no puedes darte por vencido. Tal vez estés preocupado por la idea de que aparecerá otra persona en tu vida si sueltas a la persona con la que sales. Sin duda, no comenzaste esa relación con la idea de que tuviera un final doloroso y sientes que terminarla es un fracaso.

Bueno, déjame hablarte ahora como pastor y tranquilizarte: si el Señor te quiere fuera de una relación, Él te ayudará a atravesar esa ruptura. Y hay algo aún más grande que eso: *Él te bendecirá, y bendecirá a la otra persona.*

Permíteme regresar a Abraham y a Agar una última vez. (¡Su historia nos demuestra que las relaciones complicadas no se inventaron en esta generación! ¡Ni siquiera necesitaban las redes sociales para hacer las cosas mal!).

Cuando Sara comenzó a vociferar que Agar e Ismael tenían que irse, «este asunto angustió mucho a Abraham porque se trataba de su propio hijo» (Génesis 21:11). Es decir, la cosa apestaba. Agar y Abraham se abrazaron por la noche. Tenían algo. Para Sara era fácil decir: «Lárguense de aquí», porque ella no estuvo presente cuando ellos intercambiaban secretos. Probablemente ella no estuvo tampoco cuando él sostuvo la mano de Agar mientras daba a luz a ese hijo que usaron como atajo.

Abraham dijo: «Mira, tengo algo con ella, y su hijo es mi hijo. ¡Qué difícil!».

Dios lo entendía. Él le dijo a Abraham: «No te angusties por el muchacho ni por la esclava. Hazle caso a Sara, porque tu descendencia se establecerá por medio de Isaac. Pero también del hijo de la esclava haré una gran nación, porque es hijo tuyo» (versículos 12-13).

Sustentado en esto, Abraham confió en Dios y siguió su plan.

Cuando sabes que tienes que terminar una relación, debes confiárselo a Dios. Confía en que estarás bien y en que la otra persona también lo estará. Dios los ayudará a ambos a superar el dolor. Y la única forma en que ustedes pueden continuar hacia su propósito en la vida es dándole fin a esa relación.

> CUANDO NECESITES TERMINAR UNA RELACIÓN, DEBES CONFIÁRSELO A DIOS.

Cuando sabes que Dios no fue quien dio origen a tu relación ni es quien está obstruyendo tus promesas, recuerda esto: en esa separación todos saldrán beneficiados. Y si eso no es suficiente, déjame decirte que romper es lo más fácil de hacer en comparación con la otra alternativa, que sería vivir con las consecuencias de seguir adelante con una relación en la que no deberías estar.

6 RINDE TU SEXUALIDAD

Hablemos de sexo, cariño
Hablemos de nosotros dos.

—SALT-N-PEPA, «Let's Talk About Sex» [Hablemos de sexo]

Chica, si él no se mete con Cristo
No lo dejes meterse contigo.

—LECRAE, «Wait» [Espera]

A veces siento que, en esta época, el sexo es tan casual como decir hola o dar un apretón de manos. «¿Han salido tres semanas y todavía no han tenido relaciones? ¿Qué pasa contigo, amigo?» «¿Qué quieres hacer esta noche? ¿Quieres asistir a un espectáculo o venir a mi casa y tener sexo?». Esta actitud tan, pero tan común, devalúa el poder del sexo que es unir a las personas en intimidad, y no meramente entretener. La finalidad del sexo nunca fue ser un pasatiempo para la gente soltera. Es un placer y una conexión con propósito para parejas casadas.

Sin embargo, las personas casadas no son necesariamente muy distintas a las solteras cuando se trata de la liberalidad sexual. Al igual que yo, tú sabes que en tu trabajo, en tu vecindario y muy probablemente hasta en tu iglesia hay gente casada que planea encuentros con otras personas cada día. Una esposa o un esposo no parecen ser suficientes para algunos.

También hay muchas perversiones a la vuelta de la esquina. Puedes estar con dos mujeres a la vez, llamar a un amigo y tener una orgía, toquetearte frente a una computadora, acostarte con un familiar, o tratar de abusar de un niño sin que nadie se dé cuenta... y no quiero ir más lejos con esto. Te rompe el corazón. Es devastador, pero es real, ¿no es cierto? Es real y sucede todos los días. Aun cuando muchas personas no concreten esas cosas, se ven asaltadas por fantasías perversas.

¿Cuáles son las consecuencias de toda esta actividad sexual? Aparte de un breve momento de placer, solo trae destrucción. Corazones rotos. Divorcio. Hogares de padres separados. Enfermedad. Abuso. Desconfianza. Ansiedad. Odio hacia uno mismo. Aislamiento. Insensibilidad. Frialdad para con Dios.

¿Y la gente consigue sus metas amorosas en su ambiente social? ¿En serio?

Ya sea que estés soltero o casado, sé que tu vida sexual puede no haber sido totalmente pura. La mía tampoco lo fue, como ya lo admití. No estoy aquí para regañarte, porque el Espíritu Santo y tu propia conciencia pueden ser más convincentes de lo que yo podría serlo. En lugar de eso, quiero compartir contigo un versículo: «No ofrezcan los miembros de su cuerpo al pecado como instrumentos de injusticia; al contrario, ofrézcanse más bien a Dios como quienes han vuelto de la muerte a la vida, presentando los miembros de su cuerpo como instrumentos de justicia» (Romanos 6:13).

> **TU CREADOR FUE QUIEN TE DIO TU CUERPO; DEVUÉLVESELO A ÉL.**

Hazme un favor y vuelve a leer ese versículo.

Ese pasaje habla de entrega. Tu Creador fue quien te dio tu cuerpo; devuélveselo a Él. Hombre o mujer, casado o soltero, joven o maduro, atraído por el mismo sexo o por el sexo opuesto, cristiano desde hace mucho tiempo o recién iniciado en las cosas de Jesús... *rinde tu sexualidad a Dios.*

La idea del mundo acerca del sexo —haz lo que te parezca divertido siempre que no lastimes a nadie y puedas salirte con la tuya—, es tan común que pareciera ser la correcta. Discúlpame que te lo diga, pero es falsa. Pero si continuamente compras zapatillas Nike de imitación, te acostumbras tanto al cuero barato y a las suelas que se despegan, que cuando ves un calzado de buena calidad te parece extraño.

Todo lo que te pido es que hagas el esfuerzo de comenzar a ver el sexo como Dios lo ve, en lugar de verlo como lo hace la sociedad. No se trata de lo que opinan los demás. Ni siquiera se trata de lo que *tú* opinas. Llévate al punto de poder rendir tu sexualidad a Dios. Porque si confías en Él, Él te mostrará la verdad acerca del sexo y te ayudará a «presentar los miembros de tu cuerpo como instrumentos de justicia». Y eso es algo hermoso.

EL SEXO FUE IDEA DE DIOS

Para algunas personas, los cristianos tienen tantas reglas sobre el sexo que pareciera que Dios lo odia. No, no, déjame explicarte, Dios solo intenta ayudarnos a disfrutar el sexo de la manera en que fue pensado. Es el enemigo el que hace del sexo algo sucio. El truco del enemigo es despertar secretamente la vida sexual a una edad temprana, porque de ese modo se mantiene oculta, y pueden suceder tras la escena cosas malas que nos generan emociones.

Tal vez cuando eras niño viste películas que no eran para tu edad, o descubriste la pornografía, o unos chicos de mente sucia más grandes que tú te mostraron su versión de la educación sexual, o un adulto te hizo algo criminal. Fuiste introducido al sexo de manera indebida, por lo bajo, y comenzaste a tener ciertos hábitos. Quizás has tenido relaciones todos estos años con tus novias o novios, con tus amigos con derechos o con tu primo mayor, y desearías que no fuera tu primo mayor.

Luego quizás te casaste. De pronto, el sexo ya no es tan placentero porque no satisface un deseo, porque ya no es un secreto. Era bueno cuando se suponía que no debías hacerlo, y ahora que lo obtienes, en el matrimonio, ya no te genera placer porque ha perdido su condición de secreto y de perversión. Es por ello que un hombre se masturbará dentro del armario aunque tenga una esposa allí mismo en la casa para satisfacer su necesidad, pues ya no tiene la adrenalina del secreto.

El enemigo quiere que pienses que el sexo debe ser transgresivo y oculto, pero la realidad es que... *¡el sexo es bueno!* El sexo fue idea de Dios. Es un regalo de Él para nosotros.

Debemos redimir y recuperar esta concepción del sexo.

¿Qué fue lo primero que Dios dijo a Adán y a Eva al terminar la creación? Primero los bendijo, y luego les dijo: «Sean fructíferos y multiplíquense» (Génesis 1:28). ¿Me permites traducirlo para ti? Dice: «Chicos, los bendigo; vayan a tener sexo. Hagan el baile horizontal. ¡Adán, cierra el trato!». Eso es lo que mi Dios le dijo a Adán, ¿okey? No estaba hablando de plantar un árbol para que diera fruto. Les dijo que fueran fructíferos y *se multiplicaran.*

Y Adán y Eva estuvieron de acuerdo con eso. Enseguida se ocuparon de fundirse «en un solo ser» (Génesis 2:24). Creo que podemos suponer que en el jardín del Edén había mucha «unión en una sola carne». Y no se andaban escondiendo en cuevas o tras los árboles al hacerlo. No sentían que debía ser algo secreto o reservado para la oscuridad de la noche. «El hombre y la mujer estaban desnudos, pero ninguno de los dos sentía vergüenza» (Génesis 2:25).

¿Qué nos enseña todo esto? Que Dios nos creó para disfrutar del sexo si lo hacemos en el contexto indicado.

Quisiera que pudieras ver esto porque hasta que no puedas reconocer el hecho de que el sexo fue creado por Dios y que es bueno, tu idea distorsionada de él será la que predomine en tu mente. Por supuesto que existe el pudor o la discreción, pero las relaciones sexuales no son algo que debemos considerar como sucio. Debemos restaurar esta idea para poder verlo como Dios lo ve. Así que, repite conmigo: «El sexo es bueno». Dilo de nuevo: «El sexo es bueno». Ahora di: «Porque el sexo fue idea de Dios».

DIOS NOS CREÓ PARA DISFRUTAR DEL SEXO SI LO HACEMOS EN EL CONTEXTO INDICADO.

El sexo es de las cosas más geniales cuando sucede en el contexto en el que Dios quiere que suceda. Y no solo es genial; es poderoso. Realmente poderoso. Tan poderoso que puede tomar cualidades distintivas de dos personas diferentes y unirlas para crear un ser nuevo con un ADN único otorgado por Dios, una personalidad propia y un propósito.

EL CONTENEDOR DEL SEXO

¿Qué sucede cuando todo el poder del agua está descontrolado y suelto? Huracanes, inundaciones, destrucción. O se filtra donde no debe y produce corrosión, moho y podredumbre. Pero cuando el agua está contenida y canalizada, puede hacer girar turbinas eléctricas y proveer luz y energía para una ciudad entera. A veces es llevada para irrigar el suelo seco y hacer crecer en él vida nueva.

¿Cómo luce el sexo fuera del matrimonio? Como destrucción. Puede meterse en áreas de nuestra vida en las que nunca pensamos que podría hacerlo, debilitando nuestro ser o dejando un residuo apestoso.

El sexo no es una abominación. Es maravilloso. Pero Dios lo colocó en un contenedor cuya función es controlarlo para que pueda darle gloria a Él. Cuando se sale de ese contenedor, se vuelve disruptivo y genera muerte en lugar de vida. Estoy hablando de muerte espiritual, emocional, incluso de la muerte de nuestra confianza y autoestima (sin mencionar oportunidades desperdiciadas, tiempo perdido y comportamientos obsesivos).

Y para ser totalmente claro: ¿cuál es el contenedor del sexo?

El pacto del matrimonio.

¿Qué dice Jesús acerca de esto? «Pero al principio de la creación Dios "los hizo hombre y mujer"» (Marcos 10:6). Eso significa que Dios conoce nuestro cuerpo, nuestros deseos, nuestro apetito sexual, la libido. ¿Y cómo es que conoce todo eso? Porque en el principio Él nos creó; eso es lo que dice la Biblia.

Jesús continúa: «Por eso dejará el hombre a su padre y a su madre, y se unirá a su esposa, y los dos llegarán a ser un solo cuerpo» (Marcos 10:7-8). La palabra *unirá* significa intimidad sexual. Y fíjate que dice específicamente que, en el plan de Dios, un hombre se unirá «a su esposa» (lo mismo aplica, por supuesto, para una mujer y su esposo). Esto nos permite saber que es dentro del matrimonio. No se supone que debas unirte a aquel tipo de tu trabajo o a ese compañero de la escuela, o a esa chica que conociste en la discoteca y no estás seguro de que te haya dicho su verdadero nombre. Se supone que debes unirte a tu esposo o esposa.

Cuando Jesús habla de «unión», esta palabra, en el lenguaje original, tiene una connotación mucho más profunda que en el lenguaje de hoy en día. *Unirse* implica que ambas partes se vuelven una, que se unen espiritual, emocional y físicamente. Eso no es lo que sucede cada vez que tienes relaciones con una persona cualquiera.

Jesús prosigue diciendo: «Así que ya no son dos, sino uno solo. Por tanto, lo que Dios ha unido, que no lo separe el hombre» (Marcos 10:8-9). Allí vuelven a aparecer las palabras «uno» y «unido». Jesús lo vuelve a decir porque sabe que algunos de nosotros —yo, por ejemplo— somos algo tontos y precisamos oírlo de nuevo.

EL SEXO FUE PENSADO PARA UN MATRIMONIO DURADERO Y COMPROMETIDO, NO PARA PASAR EL RATO.

Quizás ya sabía que necesitaríamos recordatorios de que el sexo fue pensado para un matrimonio duradero y comprometido, y no solo para pasar el rato. Tal vez sabía que, para las diversas culturas del mundo, sería una tentación constante, a través de los siglos, intentar convertir el sexo en algo a la vez oculto y ampliamente promovido.

LA «LIBERTAD» NO SIEMPRE ES LIBRE

Quiero que nos adentremos en la carta de 1 Corintios, pero antes debo contar el trasfondo de la historia. Cuando Pablo les escribió a los creyentes de Corinto, se dirigía a personas de una sociedad muy parecida a la nuestra hoy en día. Esta ciudad de Grecia tenía un templo en el que trabajaban unas mil prostitutas. La manera de «adorar» en ese lugar era tener sexo con una de ellas. Y, en general, esta ciudad era conocida por ser un lugar de lujuria. Era como La Franja de Las Vegas de ese entonces, un banquete de impulsos pecaminosos.

Pablo les hablaba a los creyentes que se habían apartado de esa clase de vida e intentaban vivir una vida cristiana. Trataba de darles una guía práctica para que llevaran una vida espiritual en ese mundo, algo muy parecido a lo que debemos hacer nosotros cada día.

Una de las cosas que debió hacer fue mostrarles que el sexo fuera del matrimonio no era algo casual y aceptable como la gente pensaba. Al igual que en la actualidad, algunos cristianos de Corinto defendían la promiscuidad sobre la base de su libertad en Cristo. «Todo me está permitido», decían.

Aquí está la respuesta de Pablo: «"Todo me está permitido", pero no todo es para mi bien. "Todo me está permitido", pero no dejaré que nada me domine» (1 Corintios 6:12). En otras palabras, aunque algunos corintios pensaban que ejercitaban su libertad cristiana al tener sexo con distintas personas cuando lo deseaban, en realidad estaban renunciando a su libertad.

Lo que muchas veces es llamado «libertad sexual» no es para nada libre. Es, de hecho, una esclavitud al sexo. No es un bien casual, sino un daño profundo.

Esto nos lleva a lo que dije antes acerca de cómo las malas relaciones pueden sabotear tu propósito. No se trata solo de obedecer las reglas. Se trata de hacer las cosas del modo en que Dios las pensó, de hacer lo que es

> **LA «LIBERTAD SEXUAL» ES, DE HECHO, UNA ESCLAVITUD AL SEXO.**

para tu bien, hacer lo que te hace avanzar en el plan de Dios. La Biblia nos dice que no deberíamos tener ningún maestro en la vida a excepción del Maestro.

Sabes que estás madurando cuando ya no evalúas las cosas diciendo: *¿Esto es pecado? ¿Esto es pecado? ¿Esto es pecado?* Ahora te preguntas: *¿Esto me hace más parecido a Cristo? ¿O soy un esclavo de esto?*

El sexo no es la única cuestión aquí. Algunas personas son esclavas de las opiniones ajenas; otras lo son de los videojuegos; otras de la comida, el alcohol o las drogas; algunas personas son esclavas de las tarjetas de crédito; otras de un trabajo; algunas del café matutino en Starbucks.

RENUNCIANDO A NUESTRAS TRANSGRESIONES E INIQUIDADES

Quiero enseñarte dos palabras bíblicas para referirse al pecado que son muy reales en lo que se refiere a nuestra inmoralidad sexual.

- *Transgresión* es cruzar la línea, pasar al terreno que Dios dijo que no pisáramos. Por ejemplo, quebrar el mandamiento que prohíbe el adulterio.
- *Iniquidad* es un deseo pecaminoso en el corazón. Por ejemplo, la lujuria.

Uno de estos pecados se da en nuestro interior y el otro en nuestro exterior.

Permíteme poner algo en claro: ambos son pecados. Jesús dijo que aun si miras a una mujer con codicia, ya eres culpable y has cometido adulterio (MATEO 5:28).

Pero esto es lo más importante acerca de las transgresiones y las iniquidades: ¡Jesús hizo algo a causa de ellas!

Fue traspasado por nuestras transgresiones.
Fue molido por nuestras iniquidades
(ISAÍAS 53:5, NVI).

Pero una de las peores esclavitudes es la de la impureza sexual. Te diré por qué: la impureza sexual es uno de esos pecados que no viene solo. En la mayoría de los casos, no puedes ser sexualmente impuro y no ser un mentiroso. Tan solo piénsalo. Digamos que en la preparatoria saliste de tu casa una noche para tener relaciones con tu novia o tu novio. Tu padre te detuvo camino a la puerta y te preguntó: «¡Ey!, ¿qué vas a hacer esta noche?». Seguro no respondiste: «Voy a tener sexo y vuelvo a las once». Probablemente dijiste algo así

Observa cómo encaja todo esto maravillosamente:

- Las *transgresiones* son acciones pecaminosas hacia afuera. ¿Dónde eres herido? Por fuera. Allí fue donde Jesús fue traspasado por nuestra rebeldía.

- La *iniquidad* es el deseo pecaminoso interno. ¿Dónde se generan las heridas? En nuestro interior. Y allí fue donde Jesús fue herido por nuestra iniquidad.

Jesús te dice: «Dejé que me pegaran y me azotaran, que clavaran espinas en mi cabeza y pusieran una pesada cruz sobre mis hombros, que clavaran mis manos y pies a esa cruz por una sola razón: para que tú pudieras caminar en libertad. Así es cuanto te amo».

El versículo de Isaías continúa diciendo:

Sobre él recayó el castigo, precio de nuestra paz,
y gracias a sus heridas fuimos sanados.

Repítelo para ti mismo: «No soy los pecados sexuales que he cometido. No soy los malos pensamientos que he forjado en mi mente. No estoy condenado a continuar siendo inmoral o a luchar con la culpa y la vergüenza. No estoy roto, ¡he sido sanado!».

como: «Vamos a jugar bolos». Yo solo digo que aprendes a mentir automáticamente.

Con la impureza sexual vienen el engaño y la manipulación. El pecado sexual hace perder la fe. Trae todo el combo a tu casa. Es por eso que el enemigo está deseoso de que guardes secretos en esa área, porque eso invita a otras cosas que no puedes dejar afuera.

Hasta el rey David, en la Biblia, cuando cometió adulterio, ¿qué fue lo primero que hizo? Mintió. Y luego de mentir, asesinó. Era conocido como un hombre conforme al corazón de Dios y, sin embargo, sucumbió al poder del pecado sexual oculto. ¿Piensas que tú estás exento?

Así que piensas que tan solo vas a pasar la noche donde tu novia, o que solo vas a entrar en el sitio de pornografía porque es fin de semana y no tienes nada más que hacer, o tienes una pequeña aventura en un viaje de negocios al que fuiste sin tu cónyuge. *¡Nadie lo sabrá, y es tan excitante! ¡Me llena de adrenalina! Tal vez sienta un ápice de culpa, pero después de todo estoy convencido de que a Dios no le importan realmente esos asuntos. Tiene cosas más importantes en su mente que un pequeño enredo; que todos lo hacen, a fin de cuentas. No hará daño a nadie. Soy un adulto y no estoy haciendo nada ilegal con alguien que no esté en "edad de consentimiento", ¡así que puedo hacer lo que quiera!*

Y luego te encuentras enredado en la inmoralidad, ocultando los hechos. Lo que piensas sobre ti mismo, sobre los demás y sobre Dios ha cambiado. Te obsesionas con la posibilidad de ser descubierto; o si no, te obsesionas en planificar cómo repetirlo tan pronto sea posible. De repente, eso ya no es libertad. Eres esclavo de la inmoralidad sexual.

Comienzas a decir: *Tengo permitido hacer lo que yo quiera,* pero terminas sintiendo: *No quiero, pero necesito volver a sentir esa adrenalina,* o también: *Estoy cansado de repetir este patrón vacío, pero me siento impelido a hacerlo de nuevo.* Entonces dime: ¿eso es libertad?

NATURALEZA MÁS QUE NATURAL

En Corinto —algo así como Las Vegas de la antigua Grecia— algunos de los nuevos cristianos tenían otra justificación para la inmoralidad sexual. No solo se jactaban de su libertad espiritual, sino que además tenían un argumento basado en el naturalismo. Todavía hoy es algo razonable y prácticamente científico para muchas personas.

El pueblo en Corinto decía: «las personas deben tener sexo porque nuestro cuerpo tiene órganos sexuales y nos ponemos cachondos, del mismo modo que debemos comer porque tenemos estómago y nos da hambre. Es lo mismo. Es así como funciona nuestro cuerpo. Es natural».

Pablo dijo que *no es* lo mismo. «"Los alimentos son para el estómago y el estómago para los alimentos"; así es, y Dios los destruirá a ambos. Pero el cuerpo no es para la inmoralidad sexual, sino para el Señor, y el Señor para el cuerpo» (1 Corintios 6:13). En otras palabras, lo que Pablo quiso decir que la comparación del sexo con la comida no era como comparar manzanas con manzanas.

Nuestros órganos sexuales fueron diseñados para el sexo en el contexto apropiado, pero no para la inmoralidad sexual. Fueron creados para el Señor. No hay separación entre lo sexual y lo espiritual. Olvida esa idea.

La conclusión es que, aunque no debemos entregarnos como esclavos

> **NO HAY SEPARACIÓN ENTRE LO SEXUAL Y LO ESPIRITUAL.**

al sexo, *sí debemos* rendir toda nuestra voluntad, nuestra mente y nuestro cuerpo a Dios. Deberíamos entregarnos a Él, que creó nuestro cuerpo para su propia gloria.

Ahora te hablaré directamente.

Amiga: no eres tu cuerpo, eres más que eso. Dios te ha hecho especial y hermosa, y esos embusteros que están a tu alrededor, que solo quieren que les envíes fotografías y hacen todas esas cosas; ellos no te quieren. Solo quieren lo que tú les puedes dar. Diles que te dejen en paz, y un día dirás (en palabras de la «profeta» Beyoncé): «Resultaste ser lo mejor que nunca tuve».

Amigo: también va para ti. Eres más que tu cuerpo. Si pensaras en lo que vales en Cristo y no te dejaras llevar por tu mente, creo que Dios te usaría. Te haría un hombre de honor, valioso e importante. Puedes guiar a una esposa y a unos hijos. Puedes ser un hombre que diga: «Por mi parte, mi familia y yo serviremos al Señor» (Josué 24:15).

No puedes vivir en impureza sexual sin ser afectado por ella. Dios no quiere que seas esclavo del pecado; quiere que te rindas a su bondad. Él te dice hoy: «Debes renunciar a esa visión perversa de la sexualidad que te está hundiendo, que te hace ver a las personas de manera distorsionada, que te hace pensar que no eres valioso; debes entregármela y permitirme que la redefina. Yo creé el sexo para que fuera algo *bueno*. Yo te creé para ser *bueno*. ¡Pero lo que esto te está haciendo es *malo*! Debes abandonar la pornografía. Debes dejar de enviar mensajes de tono sexual. Debes dejar de entrar en tu casilla de mensajes de Instagram para coordinar tu próximo encuentro sexual. No debes dejar que las personas entren y salgan de tu cama, que entren y salgan de tu corazón. Debes parar de regalar lo que solo le pertenece a tu esposa o esposo. Debes dejar todo esto en mis manos, porque yo te amo más de lo que podría amarte nadie nunca jamás».

PERDIENDO PARTES DE TI

Patrick era igual a mucha a mucha gente: veía las citas sexuales como algo normal. El sexo era tan solo un beneficio que venía de la mano de estar en una relación, como tener a alguien que te acompañe a conciertos o con quien ir a cenar. Pero con el tiempo, luego de salir con varias mujeres, se dio cuenta de que eso lo estaba cambiando. «Estaba perdiendo trozos de mí», me dijo. «Cosas que eran importantes para mí ya no me brindaban alegría. Mis pasiones se estaban muriendo. De algún modo todo ese sexo casual me estaba insensibilizando».

Comenzó entonces a repensar su actitud con respecto al sexo. Comenzó a orar pidiéndole a Dios que le revelara cómo debía cambiar su vida social. Y un día escuchó a un predicador comparar a una persona que había tenido muchas relaciones sexuales con un balde de *nuggets* de pollo que ha sido pasado de mano en mano por un grupo de gente que los tocó, los mordisqueó y los escupió, y que, aun así, no estaban satisfechos. «Nadie quiere ser los *nuggets* de pollo que quedan en el fondo del balde luego de haber sido manoseados por otras personas. No fueron creados para un proceso de selección. Fueron hechos para ser disfrutados».

Era una analogía algo tonta, pero Patrick se sintió tocado. «Tuve imágenes en mi mente de todo lo que había hecho con las mujeres en la cama», dijo. «Entonces lo decidí: *desde hoy me mantendré puro hasta que me case*». Él no quiso ser para su esposa —y más importante aún, para sí mismo— como esos *nuggets* que mucha gente ha tomado de un balde. Él sabe que vale más que eso.

Patrick rindió su sexualidad a Dios.

Muchos de ustedes podrán identificarse con él, y otros quizás estarán en medio de una situación como esa. Sin embargo, estas palabras podrían consolarte: «si alguno está en Cristo, nueva criatura es; las cosas viejas pasaron; he aquí que todas son hechas nuevas» (2 Corintios 5:17, RVR60). Así que si te sientes elegido de un balde, todo lo que tienes que hacer es darte la vuelta, y arrepentirte, y un nuevo comienzo se extenderá ante ti por la obra consumada de Cristo Jesús.

REDESCUBRIRSE EL UNO AL OTRO

Kimberly y Spencer eran una pareja casada que miraba pornografía por separado y también juntos, y no veían nada de malo en eso. Al tener sexo, ambos recreaban escenas pornográficas en su mente. Creían que eso traía algo de sazón a la cama. Pero significaba que la otra persona no era más que un intérprete haciendo un papel de fantasía. De hecho, era casi como si la otra persona no estuviese allí.

Luego de encontrarse con Dios, comenzaron a cuestionarse el efecto que la pornografía estaba teniendo en su relación. Admitieron que se sentían desconectados el uno del otro. Algo que se suponía que debía unirlos —el sexo— los estaba distanciando a causa de las imágenes que estaban fijadas en su mente.

Le pidieron consejo a una pareja de más edad que formaba parte de la iglesia. Esta pareja los alentó a comprometerse por tres meses a no mirar pornografía, y a que intentaran, al mismo tiempo, bloquear de sus mentes los recuerdos pornográficos al tener relaciones. En lugar de recrear esas escenas, se enfocarían en estar presentes, en amarse y darse placer el uno al otro, y luego de tres meses evaluarían los resultados.

No les llevó tanto tiempo; inmediatamente comenzaron a notar la diferencia. Luego de años de hacer uso de la pornografía, no fue fácil eliminar todas esas escenas de sus mentes, pero al hacerlo pudieron acercarse mucho más. «Nos dimos cuenta de que debíamos renunciar a la pornografía de una vez por todas», dijo Spencer. «Entregamos nuestra vida sexual y nuestros pensamientos a Dios».

Kimberly y Spencer rindieron su sexualidad a Dios.

¿QUÉ HAY DE TI?

Kimberly y Spencer, Patrick y muchos otros han tenido miedos, dudas y preguntas al rendirse a Dios. Pero todos ellos han descubierto que entregarse al Dios que los ama no fue una pérdida, sino una ganancia. Si tú te rindes a Dios puedes confiarle tu corazón, tu presente y todo tu futuro relacional.

¿Alguna vez has rentado un apartamento? La clave para una buena experiencia es tener un buen propietario. Si, por ejemplo, algo se rompe, si la cañería comienza a gotear, tú no eres el responsable porque no eres el dueño. Llamas al propietario y él mismo se acerca o envía a alguien para que arregle el goteo bajo tu fregadero.

La Primera Carta a los Corintios 6:19 dice que no nos pertenecemos a nosotros mismos. Nuestro cuerpo es el templo del Espíritu Santo. Eso significa que no somos los dueños, pero muchas veces vivimos la vida como si lo fuésemos, especialmente cuando se trata de sexo.

Si no rindes tu vida sexual a Dios (el propietario), no habrá mucha esperanza cuando surjan los problemas, los conflictos y las urgencias que no puedes controlar. Tu sabiduría y tu voluntad llegan hasta un límite. Y si tu inmoralidad sexual se ha tornado tan fuerte que te encuentras bajo el control del sexo —eres su esclavo—, entonces, francamente, estás perdido. Si has luchado con tus propias fuerzas contra un hábito sexual o una adicción y vas perdiendo, sabes exactamente de lo que hablo. No tiene caso, a menos que te rindas por completo a Dios.

Pero si te has entregado a Dios y le perteneces, entonces Él puede intervenir y manejar el problema.

Verás, fuiste comprado a un alto precio. Cuando Dios envió a Jesús, ese fue su pago —el pago eterno— para ser nuestro dueño, para irrumpir y cambiarnos, para tener poder sobre nuestras circunstancias. Él dijo: «Envié a mi único Hijo porque tú eres tan importante para mí que me encargo de esta deuda para siempre. Ahora tú tienes una responsabilidad. Necesito que me honres con tu cuerpo. No hagas cosas o mires cosas o pienses cosas que te aparten del propósito que yo tengo para ti. Fuiste comprado por un precio alto. Hónrame con tu cuerpo» (1 Corintios 6:20).

Así que mi pregunta es: ¿a quién le perteneces? ¿A ti mismo? ¿Le perteneces a tu sexualidad? ¿A las ideas de la sociedad acerca del sexo y las relaciones? ¿Le perteneces a un amante? ¿Al recuerdo de una relación? ¿A la fantasía o el sueño de una relación? ¿O le perteneces a Dios?

Confía en Él. Entrégate a Él, porque Dios solo puede obrar sobre aquello que posee. Dios dice: «¡Ey!, soy un Padre bueno, muy bueno. Si pones en mis manos lo que yo te di, te prometo que me encargaré de lo que me pertenece». No hay nada tan grande que nuestro Dios no pueda someter a su poder, pero Él no te lo arrebatará: tú debes entregárselo.

¿LE PERTENECES A TU SEXUALIDAD O A DIOS?

CONDICIONES DE ENTREGA

¿Cómo debes rendir tu sexualidad? Volvamos a echar un vistazo a Romanos 6:13: «No ofrezcan los miembros de su cuerpo al pecado como instrumentos de injusticia; al contrario, ofrézcanse más bien a Dios como quienes han vuelto de la muerte a la vida, presentando los miembros de su cuerpo como instrumentos de justicia».

Cualquier miembro de tu cuerpo. El cuerpo en su totalidad. Esto nos da pistas acerca de lo que debemos hacer. Nuestra entrega debe ser completa.

¿Y qué hacer con tu mente? ¿Has estado dejándote llevar por fantasías sexuales que nunca podrías cumplir en la vida real? Pídele a Dios que te ayude a refrenar tus propios pensamientos de rebelión (2 Corintios 10:5), y llena tu mente de pensamientos honorables y puros (Filipenses 4:8).

¿Y con tus ojos? Si tienes el hábito de mirar cuerpos atractivos e imaginar cosas, pídele ayuda a Dios para controlar esos ojos, porque eso es adulterio de la vista (Mateo 5:28). Dile que necesitas de su ayuda para dejar de mirar a las personas con lujuria, o para dejar de abrir sitios web que te perjudican. Él te ayudará a establecer un pacto con tus ojos (Job 31:1).

¿Y con tus oídos? Muchas letras de canciones de hoy en día son inmorales, suscitan ciertas emociones y te dan ciertas ideas. Pregúntale a Dios si debes borrar algunas canciones de tu aplicación de música y cambiar tus hábitos musicales. Quizás Él te ayude a llenar tu mente con himnos y canciones espirituales (Efesios 5:18).

¿Y con tu boca? ¿Tienes mucha labia para los piropos? ¿Eres un seductor? O lo opuesto, ¿te complaces en decir cosas sucias? ¿Aprobaría Dios todo lo que sale de tu boca? Pídele a

Él que te ayude a cambiar tus palabras para que nada de lo que digas te lleve a ti o a otra persona hacia la destrucción (Efesios 5:4).

¿Y los dedos de tu mano? ¿Envías mensajes sexuales o provocadores? Dios puede mostrarte los malos hábitos en los que te has enredado. Pregúntale si debes tomarte un recreo de Instagram y Facebook hasta que puedas desarrollar mejores hábitos (Santiago 4:8).

No creo que deba ir más abajo en el cuerpo porque puedes imaginar el resto por ti mismo.

Busca la ayuda de Dios en la oración, el ayuno y leyendo las Escrituras para que puedas hacer los cambios necesarios en tu comportamiento sexual. No estoy diciendo que rendirte a Dios haga que todo esto sea fácil, pero hazlo de todos modos. Tal vez debas acercarte a tu esposo y decirle: «Te he estado engañando emocionalmente con alguien de la oficina, y hoy me confesé con Dios, porque Dios solo libera al que permanece en la verdad». Quizás debas decirle a tu novia, con quien estuviste durmiendo: «Se acabó. Tomaré mis cosas y me iré». Tal vez tengas que darle permiso a alguien para que revise el historial de tu computadora. Puede que necesites tomar medidas drásticas (Mateo 5:29-30). Puede que te dé miedo o que te resulte embarazoso o triste, pero hazlo de todos modos. Entrégate sin condiciones.

ENTRÉGATE SIN CONDICIONES. NO TE ARREPENTIRÁS.

No te arrepentirás. Si reconoces a Dios como el dueño de tu sexualidad y lo invitas a entrar y dirigir las cosas, comenzarás a ver cambios positivos. Y te reencaminarás hacia tus metas en el amor.

HOY ES EL PRIMER DIA DEL RESTO DE TU VIDA SEXUAL

Si estás listo, haz de este día un punto de inflexión en tu historial sexual. Haz un corte. Marca este día en el calendario con una gran equis roja. Comprométete a entregar tu sexualidad a Dios diciendo esta oración:

ORACIÓN PARA RENDIR LA SEXUALIDAD

Dios, no sé cómo hacer esto solo, así que te otorgo mi sexualidad a ti. Hice cosas, dije cosas, experimenté cosas que sé que estaban al margen de lo que era tu voluntad para mí. Hoy te pido que tomes el control, que te hagas cargo. Quiero vivir una vida valiosa enfocada en tu amor por mí y no en mi deseo de satisfacción temporal.

Restaura en mi vida el valor de la pureza. Vuelve a enfocar mis pensamientos en la fidelidad.

Renueva mi mente con la identidad que Tú me das. Reconstruye mi autoestima hasta que pueda creer realmente que soy tu obra maestra. Realinea mi perspectiva para verme a mí y a los demás como Tú nos ves. Restaura los pedazos rotos y hazme una nueva persona.

Te doy permiso para arrancar de mí todas las partes dañadas por el rechazo, dolor, heridas, vergüenza, culpa y malos ejemplos que afectaron mi perspectiva de la vida de manera negativa. Y te pido que cultives en mí el fruto del Espíritu de Gálatas 5 que producirá amor, alegría, paz, paciencia, amabilidad, bondad, fidelidad, humildad y dominio propio. Te entrego mi sexualidad. Soy tuyo.

En el nombre de Jesús, amén.

Rendir tu sexualidad cambiará todo tu futuro. ¿Por qué? Porque mientras que la inmoralidad sexual destruye tu propósito, recuperar tu pureza lo restaura. «Si alguien se mantiene limpio, llegará a ser un vaso noble, santificado, útil para el Señor y preparado para toda obra buena» (2 Timoteo 2:21).

7 ATADOS

Nunca daré tanto de mí a otra persona como te di a ti.
Ni siquiera reconoces cuánto me has herido, ¿no es cierto?

—RIHANNA, «Rehab» [Rehabilitación]

Sal de mi cabeza, sal de mi cama.
Sí, eso fue lo que dije.

—AVRIL LAVIGNE, «Don't Tell Me» [No me digas]

El matrimonio de Caleb y Chloe comenzó con las mismas esperanzas y promesas con que comienzan casi todos los matrimonios. Pero todo estalló al cabo de unas semanas cuando Chloe descubrió que Caleb se había acostado con su exnovia, Jasmine.

La pareja se acercó a Natalie y a mí en busca de consejo, así que escuchamos con atención la historia. No era una historia bonita. Caleb había estado expuesto al sexo a una edad muy temprana, y pronto comenzó a creer que el modo de demostrarle cariño a una persona o de ser atento era teniendo sexo con ella. Cuando se casó con Chloe, a la edad de veintinueve, había tenido relaciones con tantas mujeres que no las podía contar.

Su novia más reciente, antes de Chloe, había sido Jasmine. Le pregunté por qué no había cortado con Jasmine al conocer y enamorarse de Chloe, o al menos cuando se comprometieron.

«Sabía que no debía estar con Jasmine», explicó. «Y supongo que esa era la razón por la cual me resultaba tan excitante. Mantener esa relación oculta me generaba adrenalina».

Continuó diciendo: «Lo otro que sucedió, y sé que suena extraño, es que de algún modo me convencí a mí mismo de hacerlo. Quiero decir, le decía a Jasmine cosas como: "somos el uno para el otro", aunque sabía que no lo éramos. O "nadie me comprende como tú", lo que tampoco era cierto. Estas palabras salieron de mi boca una y otra vez, hasta que comencé a creerlas».

Ayudé a Caleb a ver que lo que estaba haciendo era verbalizar sus expectativas en voz alta para reforzar su vínculo emocional con esa mujer. Tenía con ella una conexión fuerte y perdurable, lo que llamamos una «atadura del alma». De hecho, en su caso la atadura parecía más un manojo de cuerdas con nudos que lo amarraban emocional, física, espiritual y hasta verbalmente a Jasmine. Una parte de él quería alejarse, pero estaba atrapado en una red gigante. Esa es la razón por la cual volvió a ella luego de haberse casado.

Chloe se separó de él y la pareja se encontró rápidamente al borde del divorcio. Durante un año y medio todo fue mal, muy mal. Era lo que nadie querría que fueran sus días de recién casados, te lo aseguro. Pero durante ese tiempo, Caleb finalmente terminó su relación con Jasmine y comenzó a experimentar un cambio profundo. Hoy la confianza está volviendo a restaurarse entre él y su esposa. Ocasionalmente los veo sonreír como esperarías ver a dos personas enamoradas.

No sé qué les depara el futuro. Todavía asisten a consejería de parejas cada semana y están acercándose juntos a Dios, así que tengo esperanzas en que harán que el matrimonio salga adelante. Pero... ¿quién sabe? La historia no ha terminado.

Puede que la relación de Caleb y Chloe sea una victoria en el largo plazo, pero de serlo, será una victoria con un sabor amargo. Lo más triste es que todo el dolor que han experimentado se hubiese podido evitar si Caleb hubiese trabajado sus ataduras del alma *antes* de casarse.

LAZOS DEL ALMA

El alma se compone de tres partes: la mente, la voluntad y las emociones. Tu mente es cómo piensas, tu voluntad es lo que deseas y tus emociones son las que exhiben cómo te sientes. Si lo piensas, el conjunto de estas tres entidades rige toda tu vida.

No es sorprendente que aquello a lo que un alma se expone pueda influir mucho en su vida. Las ataduras del alma surgen cuando alguien permite que ella se ate a algo o a alguien que tiene poder para afectarlo. Hay todo tipo de ataduras del alma: santas y no santas, constructivas y destructivas.

El matrimonio es una atadura santa del alma. Si estás casado, Dios quiere que tú y tu esposo o tu esposa se conecten en el plano del alma, deleitándose el uno al otro espiritual, mental y emocionalmente, y trabajando para satisfacer las necesidades del otro mientras tengan vida. Tendremos un mejor panorama sobre lo que esto significa en el próximo capítulo, cuando veamos lo que yo denomino el plan de unidad de Dios.

También hay amistades que son ligaduras. David tenía una de ese tipo con Jonatán, hijo del rey Saúl. «El alma de Jonatán quedó ligada con la de David» (1 Samuel 18:1 RVR60). La lealtad de Jonatán era como la que siente un hijo por su padre, y su atadura con David era tan fuerte que intervino para evitar que Saúl lo matara.

Otras ataduras —ojalá que positivas— incluyen tu conexión con tus padres, hermanos y otros parientes. El apóstol

Pablo llamó a Timoteo su «verdadero hijo en la fe» (1 Timoteo 1:2), porque el vínculo que lo unía a él era tan fuerte que se sentía su padre espiritual. La Biblia nos dice que los miembros de la Iglesia son como familia. Vecinos, colegas, compañeros de equipo y otros pueden formar conexiones que son buenas para todos los involucrados.

Pero también hay ataduras no santas: cosas a las que nos amarramos y nos amarran que afectan nuestro propósito de manera negativa. Puedes ver estas ataduras no santas en miembros de una pandilla, proxenetas y prostitutas, traficantes y adictos, amigos que te llevan por el mal camino, relaciones abusivas y falsos maestros que tienen congregaciones bajo su control.

Hasta puedes tener una atadura del alma con un objeto. ¿Qué es el alcoholismo o la drogadicción sino la atadura a una sustancia? ¿Has visto alguna vez *El Náufrago*? Es una gran película que presenta una situación bastante triste. El personaje de Tom Hanks está varado solo en una isla, y convierte a una pelota de vóleibol a la que llama Wilson en su mejor amigo. Esto muestra que se pueden crear ataduras con cualquier cosa, en especial cuando estás desesperado.

Y, por último, por supuesto, como Caleb y Jàsmine, podemos tener ataduras del alma con compañeros sexuales fuera del matrimonio. Este es uno de los medios más grandes que tiene el enemigo para bloquear propósitos y destruir vidas.

Sé que acostarse con alguien puede no parecer gran cosa, pero algo que quizás no sepas es que hay una cuerda invisible que forma un nudo ceñido y une a las personas cuando se conectan de este modo. Así que, cada vez que te levantes de esa cama perteneciéndole a una persona a la que no te uniste en matrimonio, no se acaba todo cuando abandonas la habitación. Se unieron físicamente y, por lo mismo, se unieron sus pensamientos, emociones y deseos. Luego, quizás se nuble tu percepción con sentimientos de culpa y vergüenza, y las mismas tentaciones y deseos están destinados a reaparecer.

> **ACOSTARSE FORMA UN NUDO CEÑIDO QUE UNE A LAS PERSONAS.**

Tal vez has tenido sexo con muchas personas y ahora vives con un gran manojo de ataduras. Piensa en lo que sucede cuando intentas alcanzar el propósito de Dios para tu vida. Todas esas cuerdas te jalan y te jalan todo el tiempo. Tienes todas esas ataduras frenándote.

Las relaciones pecaminosas obstaculizan tu relación con Dios porque el pecado produce separación. Dios no quiere estar lejos de su posesión más valiosa —tú—, pero algunas cosas no pueden mezclarse. La luz y las tinieblas no pueden estar en el mismo lugar al mismo tiempo, y justamente por eso Él quiere entrar en las áreas oscuras de tu vida a traer luz.

Sinceramente te digo: sanar los daños que dejan las relaciones lleva tiempo y drena tu energía. Las ataduras no santas pueden retrasar tu destino, hacerte perder el tiempo, provocarte estrés emocional, desconfianza, amargura, inseguridades... y la lista sigue. Estas, y muchas más, son maneras en que las ataduras con un examante pueden darle una paliza a tu propósito y poner en riesgo tu futuro. Las ataduras dañinas son siempre más fáciles de generar que de cortar.

¿Recuerdas lo que decía en el capítulo 5 acerca de un corredor ralentizado por el peso? Era exactamente de esto de lo que estaba hablando. ¿Te imaginas si intentaras correr estando amarrado a otra persona que corre en la dirección opuesta? Yo imagino que ninguno de los dos llegaría ni muy lejos ni muy rápido, y es probable que ambos queden exhaustos en el intento.

EL NUDO IRROMPIBLE

El apóstol Pablo pregunta: «¿Acaso hay algo que pueda separarnos del amor de Cristo? ¿Será que él ya no nos ama si tenemos problemas o aflicciones, si somos perseguidos o pasamos hambre o estamos en la miseria o en peligro o bajo amenaza de muerte?» (ROMANOS 8:35, NTV). Podría haber dicho: «¿Será que él ya no nos ama si miramos pornografía, nos masturbamos, fantaseamos o tenemos sexo fuera del matrimonio?». La respuesta sigue siendo no. Por supuesto que Dios siempre se opone al pecado, y claro que el pecado tiene sus consecuencias, pero, aun así, si estamos en Cristo, *¡nada nos puede separar de su amor!*

No es porque nosotros lo amemos demasiado, sino porque Él nos ama demasiado a nosotros: «Nuestra victoria es absoluta por medio de Cristo, quien nos amó» (ROMANOS 8:37, NTV).

No sé tú, pero yo estoy sobrecogido porque —gracias a Cristo— mis errores y tropiezos no me han separado del amor de Dios. Creo que Pablo sentía lo mismo.

Y estoy convencido de que nada podrá jamás separarnos del amor de Dios. Ni la muerte ni la vida, ni ángeles ni demonios, ni nuestros temores de hoy ni nuestras preocupaciones de mañana. Ni siquiera los poderes del infierno pueden separarnos del amor de Dios. Ningún poder en las alturas ni en las profundidades, de hecho, nada en toda la creación podrá jamás separarnos del amor de Dios, que está revelado en Cristo Jesús nuestro Señor (ROMANOS 8:38-39, NTV).

Muchas personas no pueden comprender el concepto de las ataduras del alma. Sin embargo, es una realidad. Y es una de las mayores razones por las que no alcanzamos las metas en la relación que Dios quiere para nosotros. Las ataduras ilegítimas del pasado nos entorpecen, y debemos aprender a cortarlas y ser libres si vamos a progresar hacia nuestras metas.

Las ataduras del alma pueden ser persistentes, pero no tienen por qué ser permanentes. El Espíritu Santo puede ayudarte a romper las que son dañinas y te están frenando y distrayendo del propósito divino. Si quieres tener una atadura fuerte en tu matrimonio, debes hacer lo que hace Caleb: cortar las ligaduras con sus parejas pasadas. Lo mismo aplica para las malas ataduras en otro tipo de relaciones. Puedes identificarlas y desatarlas una por una. Pero recuerda, son las ataduras formadas por la inmoralidad sexual las que pueden ser más dañinas cuando consideras globalmente el progreso de las relaciones en tu vida. Esto, me temo, es cosa seria.

Y aquí voy a atreverme a decir —aunque no creo que sea un atrevimiento en absoluto—: aun si estás soltero, de algún modo te has «casado» con todos aquellos con los que has tenido sexo. ¿Me desafías a que te lo demuestre?

MATRIMONIO SIN UN PACTO

Volvamos al pasaje bíblico que comenzamos a ver en el capítulo anterior, 1 Corintios 6. Pablo dice:

¿No saben que sus cuerpos son miembros de Cristo mismo? ¿Tomaré acaso los miembros de Cristo para unirlos con una prostituta? ¡Jamás! ¿No saben que el que se une a una prostituta se hace un solo cuerpo con ella? Pues la Escritura dice: «Los dos llegarán a ser un solo cuerpo». Pero el que se une al Señor se hace uno con él en espíritu (versículos 15-17).

En Corinto, algunos de los nuevos creyentes visitaban a las prostitutas del templo argumentando que podían hacerlo gracias a su libertad en Cristo, y que el sexo era una necesidad natural del cuerpo, como lo es alimentarse. Pero mira el versículo del Antiguo Testamento con el que les respondió Pablo: «los dos se funden en un solo ser», de Génesis 2:24. Es el mismo versículo que habla sobre el hombre que deja a sus padres y se une a su esposa. Hemos usado ese versículo para hablar del matrimonio, pero como vemos aquí, ¡Pablo lo aplica a una situación de sexo casual!

El sexo casual también es sexo causal: causa que se genere un vínculo.

Dios hizo del sexo algo tan poderoso que cada vez que tienes sexo con una persona no solo te unes a ella físicamente por medio de esa acción; también te unes emocionalmente debido a la intimidad que se genera entre ambos, y espiritualmente, porque son dos personas con una naturaleza espiritual interior. Por esto digo que cada vez que tienes sexo con alguien, te estás «casando» con esa persona, solo que sin el pacto. Se genera una conexión, una fuerte atadura del alma.

Esta es la razón por la cual si tuviste sexo con alguien antes de haberte casado y esa persona entrara en la habitación en este momento te sentirías alterado. Tal vez hayas pasado quince años sin verla, pero existe una atadura del alma que te conecta con ella, y ahora invade tus pensamientos y emociones con recuerdos. Tal vez pensaste que era tan solo una noche que olvidarías,

TAL VEZ PENSASTE QUE ERA TAN SOLO UNA NOCHE QUE OLVIDARÍAS, PERO...

pero Dios dice que te has «casado» con esa persona, aunque sin el pacto.

Si estudias las Escrituras desde el Antiguo hasta el Nuevo Testamento, verás que para legitimar un pacto siempre debía derramarse sangre. *Advertencia*: si la sangre te descompone, solo acompáñame a leer los próximos ejemplos y estarás bien, te lo prometo. Para Abraham, eran algunos animales cortados (¡probablemente hubiesen sido buenos para la parrilla!). Los antiguos israelitas sacrificaban animales en el altar del templo. Y, por supuesto, la sangre de nuestro Señor se derramó en la cruz por ti y por mí.

Ahora, estoy seguro de que esto no te lo enseñaron en las clases de educación sexual de la preparatoria, pero piensa lo siguiente: cuando una mujer pierde su virginidad, pierde sangre. Se supone que eso suceda al contraer matrimonio. Se supone que es el signo de un pacto matrimonial que se consumó. Cuando una chica pierde su virginidad con un novio con el que está saliendo, su sangre es señal de que se creó un falso pacto. La misma atadura del alma se produce cada vez que un miembro de la pareja tiene sexo fuera del matrimonio: ambos están contrayendo un falso matrimonio mediante las relaciones sexuales.

¿Sabías que, bíblicamente hablando, dos personas no se consideran oficialmente casadas cuando se ponen el anillo de compromiso, elijen el vestido de novia, escogen una locación para gastar deliberadamente demasiado dinero en un montón de personas que probablemente ni siquiera les agradan, dicen «sí, quiero», se besan en el altar, les lanzan arroz y enciden fuegos artificiales…? Okey, tal vez ya estoy criticando, pero el punto es que, en la antigüedad, firmar un trozo de papel no significaba que estuvieras casado. Todas esas cosas pertenecen a nuestra cultura y a las leyes modernas.

Bíblicamente, una pareja estaba casada al consumar su relación físicamente. Dios reconocía un matrimonio cuando un hombre y una mujer habían tenido sexo. Eso oficializaba su pacto.

El problema es que hoy en día, la mayoría de las personas tienen sexo sin ninguna intención de pacto. Sin embargo, están «casados» en casi todas las otras formas. Mi pregunta es: ¿con cuántas personas eres tú una *unidad*? ¿Cuántas ataduras del alma te conectan con otras personas?

NO HAY CONDÓN PARA TU CORAZÓN

La razón por la cual es tan importante que comprendas el poder del tan célebre sexo casual es que no hay condón para tu corazón. Tal vez puedas proteger tu cuerpo físico de las cosas que pueden transmitirse sexualmente, pero, ¿qué hay de las que se transmiten espiritualmente? La Biblia lo expresa de este modo: «¿Y qué beneficio obtienes si ganas el mundo entero pero pierdes tu propia alma? ¿Hay algo que valga más que tu alma?» (Mateo 16:26, NTV).

La gente tiende a pensar que proteger el cuerpo es suficiente. Lo socialmente aceptable es tener «sexo seguro», pero lo que muchos no logran entender es que la protección cubre una sola área… ¡y ni siquiera es del todo confiable! He dialogado con cientos de personas que creían tener sexo seguro y, sin embargo, acabaron con corazones rotos, espíritus heridos y relaciones destrozadas, y descubrieron, cuando intentaron volver a juntar los trozos rotos, que el placer que habían experimentado no valía la pena.

De acuerdo, tomemos un descanso y pasemos a algo más liviano. Puede que esto sea un poco cursi, pero al mismo tiempo que escribo este libro, ayudo a mi hija Bella con su tarea del jardín de infantes, y trabajamos sobre el uso de acrónimos para ayudarnos a recordar cosas importantes.

Así que veamos si este te ayuda. El único modo de practicar sexo SEGURO [SAFE] es dentro de su contenedor: el compromiso del matrimonio.

S de *sagrado*. Se reverencia algo que es sagrado, algo que se considera santo, guardado, y que no se entrega de manera frívola. Tiene gran peso y valor. Y, sobre todo, está conectado con Dios y dedicado a Él.

A de *aprobado*. No te pongas religioso conmigo. Si algo está aprobado, si algo tiene el sello de aprobación de Dios, está ungido. ¡Él ama el sexo! Él mismo lo creó y cree que es fabuloso, siempre que suceda entre un hombre y una mujer casados.

F de *fiel*. Con esta palabra podría ir en millones de direcciones distintas, pero lo principal que quiero que recuerdes es que Dios nos es fiel; por eso deberíamos intentar ser fieles a Él y ser fieles a aquellos con quienes nos comprometemos en una relación.

E de *exclusivo*. Esta es bastante fácil. El sexo debería ser entre un hombre y una mujer. ¡Oh sí!, discúlpame, me adelanté un poco. Dije que hablaría de eso en el capítulo del plan de unidad de Dios. ¡Estate atento!

No hay condones para tu corazón. Quizás este sea un ejemplo un poco extremo, pero quiero que te des cuenta de que tu corazón es importantísimo para Dios. Tener sexo fuera del matrimonio afecta la esencia de tu persona, y no hay nada que puedas hacer para impedirlo. Cuando estás en un compromiso, esa conexión produce una atadura santa

TENER SEXO FUERA DEL MATRIMONIO AFECTA LA ESENCIA DE TU PERSONA. ⎫

del alma y una intimidad hermosa, pero cuando no lo estás, produce desvíos peligrosos.

Te desafío a que le permitas a Dios que te ayude a guardar tu corazón y tu alma absteniéndote del sexo fuera del contenedor que Él diseñó. Un proverbio que ya leímos se aplica perfectamente aquí:

Sobre todas las cosas cuida tu corazón,
porque este determina el rumbo de tu vida.
(Proverbios 4:23, NTV).

Ahora, casi podría garantizar que si no has tenido sexo seguro (SAFE) has experimentado los síntomas de las ataduras del alma. Para llevar más lejos la analogía, podría decirse que estás teniendo un «ataque cardíaco». Oyes una canción, y en tu mente vuelves al lugar en el que la bailaste por primera vez con un antiguo amante. Una exnovia solía usar la fragancia de flores de alverjilla de Bath & Body Works, y cuando hueles ese perfume, mentalmente vuelves a estar con ella. Quizás cuando te sientas desilusionado de tu esposo, mires las fotografías en una red social y sueñes con lo que sería tu vida si te hubieses quedado con ese otro chico que era tan encantador y bueno en la cama.

No es que tengas algún tipo de obsesión inusual. Es solo que nunca es fácil separar a dos personas que han compartido intimidad sexual. Es como si pegaras dos trozos de papel con cola, los dejaras secar y luego intentaras separarlos. Es complicado. Es dañino. Recuerda, sus corazones están involucrados, así que, en términos emocionales, tendrás trozos de la otra persona pegados a ti, y la otra persona tendrá trozos de ti pegados a ella.

¿Esto te suena familiar?

- «Nos separamos, pero tuvimos un hijo juntos y eso nos mantendrá siempre conectados».
- «Nos separamos, pero siempre pienso en ti».
- «Nos separamos porque yo insistí, pero me estás acosando».
- «Nos separamos, pero aún siento celos cuando te veo vivir la vida sin mí».
- «Nos separamos, pero ahora debo volver a ponerme en contacto contigo porque recibí un diagnóstico médico que puede tener que ver contigo».
- «Nos separamos, pero me heriste tanto que estoy clínicamente deprimido/a y necesito terapia».
- «Nos separamos, pero te di una parte de mí que me debí haber guardado».
- «Nos separamos, pero tenías problemas de ira, y por alguna razón hoy me encuentro enojado/a todo el tiempo».
- «Nos separamos, pero hay cosas que hicimos en el pasado que todavía me generan desconfianza en mis relaciones presentes».
- «Nos separamos, pero ahora le estás contando a tus amigos todo lo que hicimos, y eso es humillante».
- «Nos separamos, y ahora veo lo estúpido que fue darte el primer lugar en vida, así que ya no confío ni en mi propio juicio».
- «Nos separamos, pero mientras estaba contigo dejé de ir a la iglesia, de orar o de leer la Biblia, y ahora siento que Dios no me ama».
- «Nos separamos, pero invertí tanto tiempo en ti que ya ni siquiera sé quién soy yo».

¿Cuántos de nosotros caminamos sin algunas partes que nos fueron arrancadas, y entonces no podemos ser quienes deberíamos ser en nuestro matrimonio, en la crianza de nuestros hijos, en nuestro negocio, ministerio y otras áreas de nuestra vida? No es fácil identificar cómo las ataduras del alma nos desvían de las cosas para las que estábamos destinados, y cómo se entrometen en la búsqueda de las relaciones que queremos.

Desearía poder decir que ese tipo de interferencia en nuestro progreso vital es la peor parte de las ataduras destructivas del alma. Pero debo decirte la verdad: hay algo todavía más atroz en lo que debemos pensar.

EN LA CAMA... CON JESÚS

Tras aceptar a Jesús como nuestro Salvador, hemos generado la atadura más importante y positiva que podríamos tener. Como dije en el capítulo 2, y continúo repitiendo, esa es nuestra relación máxima, y cultivarla debería ser nuestra meta más importante en el amor, sin importar hacia dónde nos dirigimos o a quién más tengamos en la vida. Pablo confirma esta conexión con Dios cuando dice: «¿No saben que sus cuerpos son miembros de Cristo mismo?», y «el que se une al Señor se hace uno con él en espíritu» (1 Corintios 6:15-17).

Eso no significa que Dios está mirando todo lo que hacemos a través de una cámara, como el Gran Hermano, observando, evaluando a la distancia, apartando quizás su mirada en los momentos embarazosos. No, Él está aquí con nosotros, es parte de todo lo que hacemos. Entonces, si estamos creando o fortaleciendo ataduras dañinas del alma con otras personas, debemos saber que eso violenta nuestro lazo con Cristo.

Quiero ser claro: el sexo fuera del matrimonio no solo viola la relación que debería estar reservada para nuestro cónyuge; peor aún, viola nuestra relación con el Señor. Aquí es donde Pablo se molestó mucho con los corintios: «¿Tomaré acaso los miembros de Cristo para unirlos con una prostituta? ¡Jamás!» (1 Corintios 6:15). A mí eso me suena a que realmente se enojó.

Esto no solo era un llamado de atención urgente para los corintios. Si estás en Cristo, también es un llamado de atención urgente para ti:

- Si aparcas para subir al auto a una prostituta, Cristo es parte de la prostitución.
- Si tienes relaciones con un novio/novia o amigo con beneficios, has llevado a Cristo contigo a la cama.
- Si duermes con alguien casado, pero no contigo, Cristo está allí junto a ti mientras deshonras ese lecho matrimonial.
- Si ves pornografía, Cristo está sentado allí a tu lado, y las luces de la pantalla se reflejan en su rostro.
- Si te comprometes en alguna clase de perversidad, Cristo sabe exactamente cómo estás distorsionando su diseño de la creación.
- Si te aprovechas de alguien que es demasiado débil, demasiado joven, alguien que está alcoholizado o drogado, o tiene alguna limitación mental para consentir al sexo, Cristo está allí presenciando el abuso.

Esto aplica para otros tipos de ataduras no santas además de las sexuales. Si tu socio de negocios propone un modo de ocultar ingresos al organismo de control y tú consientes en eso, Cristo está ahí, pues lo involucras en el engaño. Si tus amigos acosan a alguien en la Escuela y tú decides tomar el camino fácil y unírteles, Cristo está entre ustedes viendo cómo destruyes la autoestima de la víctima.

Estos actos, por sí mismos, están mal. Pero involucrar al Señor en ellos es aún peor.

Quiero que recuerdes esto por el resto de tu vida. La próxima vez que estés a punto de enviarle fotos privadas a alguien, o de entrar a ver los mensajes de Instagram, o de acostarte en la cama de alguien que no es tu esposo o esposa, quiero que entiendas que *no puedes separar el sexo del Salvador*. Cristo estará allí.

Si eres creyente, ser uno con Cristo es algo permanente; no es algo que va y viene. Es solo un dato para que lo tengas en cuenta. Así que ahora es un asunto de responsabilidad. ¿Cómo tratarás con el Cristo que vive en ti?

Durante muchos años menosprecié al Señor en mí. Lo llevé a lugares a los que Él nunca debería haber ido. Juntos miramos cosas que no debimos haber mirado. Lamento haber violado la creación frente al Creador. Me he confesado, y todo ha sido perdonado por la gracia de Dios, pero lamentablemente no puedo deshacer lo que hice.

> CUANDO ESTÁS PASÁNDOLA BIEN EN LA CAMA CON ALGUIEN CON QUIEN NO TE HAS CASADO, ¿DIOS LA ESTÁ PASANDO TAN BIEN COMO TÚ?

Tal vez lo puedas ver mejor de este modo: cuando estás pasándola bien en la cama con alguien con quien no te has casado, ¿Dios la está pasando tan bien como tú? ¿Se siente tan cómodo en esa posición como tú? Él no lo está disfrutando, tan solo lo está soportando, unido a ti por amor para redimirte del daño que tú mismo te estás haciendo.

Si no te sientes movido a cortar con tus ataduras dañinas por amor a ti mismo o a tus seres queridos, hazlo por Cristo.

CORTA EL ROLLO

¿Le estás encontrando sentido a esta idea de las ataduras? ¿Estás diciendo?: «Sí, tengo esta vieja y sucia atadura con esa persona y con esa otra persona y —ah, sí— también con esa otra» Y lo más importante: ¿qué piensas hacer con respecto a esas ataduras?

Lo mejor es no crear una atadura, para empezar. Ni siquiera te metas en una relación que va a amarrarte, frenarte y hundirte. Si no tienes ninguna atadura no santa, bien por ti. La grama del vecino no es más verde; en realidad hay un desierto allí. Pero si ya te has adentrado en una relación peligrosa, salte de ella lo más rápido posible. Eso es lo que dice Pablo: «Huyan de la inmoralidad sexual» (1 Corintios 6:18).

Huyan. No caminen. No se queden ahí dándole vueltas al asunto. No jugueteen ni un momento con el pecado intentando ver hasta dónde pueden llegar antes de meterse en problemas y tener que reaccionar. *Huyan* del pecado sexual.

Huir es lo que haces cuando te sientes amenazado. Si alguien estuviese armado y se acercara a un espacio lleno de gente y comenzara a disparar, todos se dispersarían y huirían. Todos abandonarían ese lugar de inmediato y harían las preguntas después. Del mismo modo, el pecado es un arma de fuego que apunta a tu propósito, y debes alejarte de él inmediatamente para sufrir el menor daño posible.

> **EL PECADO ES UN ARMA DE FUEGO QUE APUNTA A TU PROPÓSITO.**

Quizás para ti *huir* signifique decir que no a la invitación a una cita con un chico tremendamente apuesto y caballero, pero que es muy franco acerca de la carencia de fe. O quizás sea poner algunos límites con tu novia porque sus citas por la noche están a punto de cruzar la línea, físicamente hablando. Conozco a un chico que regaló su laptop Mac nueva tan solo porque estaba listo para huir de la pornografía (lo sé, seguro estás pensando: *¿No me la podría haber dado a mí?*).

Si actualmente estás involucrado con una persona que se interpone en tu propósito y te mezcla en cosas de las que Cristo no quiere ser parte, huir significa cortar la relación. Debes terminarla. Como dijimos antes, hazlo rápido, hazlo amablemente, sé cuidadoso, pero hazlo.

Desgraciadamente, es más fácil terminar con una persona que deshacerse de las ataduras invisibles que todavía pueden existir entre tú y esa otra persona. Nunca podrás cambiar el hecho de que en tu pasado estuviste unido físicamente a una persona, tal vez a muchas personas. Tu corazón y tu espíritu se verán afectados por esa experiencia.

Entonces, luego de la huida viene el corte. Corta esas cuerdas que te enredan, esas ataduras del alma. Así es como debes hacerlo.

Nómbralo

Lo primero que debes hacer es *nombrarlo*. Me refiero a llamarlo por lo que es. No lo romantices ni actúes como si hubiera sido lo mejor que te pasó en la vida. Te ha estado robando. Debes nombrarlo por lo que es: un ladrón (alias atadura). Los ladrones no son tus amigos.

Confiésalo

Luego debes *confesarlo*. Dios no puede sanar lo que tú no revelas. Muchas personas no están conscientes de sí mismas, o viven bajo negación. Nombrarlo para ti mismo es una cosa, pero confesárselo a otra persona es algo distinto. Puede ser a un consejero, a un amigo, a tu cónyuge o a un mentor en quien confíes. Del mismo modo que somos heridos por las relaciones, somos sanados mediante ellas. Sé que tal vez sientas temor de contárselo a otros, pero este es el antídoto que prescribe Santiago: «Confiésense unos a otros sus pecados, y oren unos por otros, para que sean sanados. La oración del justo es poderosa y eficaz» (Santiago 5:16).

Cancélalo

El siguiente paso es *cancelarlo*. Cuando una cadena de televisión se da cuenta de que tiene una mala comedia en su haber, cancela el programa y remueve todos los indicios de que alguna vez existió. No hay más comerciales publicitarios ni recordatorios sobre el asunto. Del mismo modo, puedes deshacerte de todo lo que te recuerde tu atadura. Deshazte del collar que te regaló, de las zapatillas que te regaló, de la tableta con la que estás leyendo este libro... (bueno, al menos después de que termines el libro). Es probable que este sea el paso más molesto de romper con la atadura, porque quizás debas cambiar tu número de teléfono, mudarte, cambiar de trabajo, comenzar a asistir a otra iglesia, cambiar tu plan de teléfono o encontrar un nuevo grupo de amigos. Debes de estar pensando: *no es necesario todo eso*. Mi pregunta es: ¿cuánto tiempo quieres estar atrapado?

Échalo

Luego de nombrarlo, confesarlo y cancelarlo, debes *echarlo*. Este no es momento de sentirse avergonzado, oprimido o desesperanzado. Tampoco es el momento de actuar como si nada hubiera pasado o como si no doliera. Es el momento de arrojar el peso que no puedes cargar a los pies de Aquel que puede. «Depositen en él toda ansiedad, porque él cuida de ustedes» (1 Pedro 5:7).

El consuelo que tienes al cortar una atadura es que a Dios se interesa por ti. Realmente se interesa. No está de pie en el cielo advirtiendo: «te lo dije». Está allí contigo, alentándote. Está orgulloso de ti. Y ahora le has dado permiso para que te de la fortaleza de vivir una vida mejor, una vida libre de ataduras dañinas.

Una de las definiciones de *echar* es quitarse algo de encima. Cuando echamos o arrojamos nuestras preocupaciones, significa que nos sacamos de encima nuestra ansiedad y se la damos a Dios por medio de la oración. No pienses que para orar debes estar de buen ánimo, que debes encender velas o ser más santo de lo que eres. Orar es tan solo hablar con Dios. Cuéntale con sinceridad cómo te sientes y qué necesitas de Él. «Así que acerquémonos confiadamente al trono de la gracia para recibir misericordia y hallar la gracia que nos ayude en el momento que más la necesitemos» (Hebreos 4:16).

● ● ●

Este ha sido un capítulo pesado. Bueno, en realidad ha sido un capítulo sincero acerca de un tema pesado. Así que me gustaría terminar con unas palabras de aliento: los pasos prácticos que te recomendé para romper con las ataduras son tan solo una cara de la moneda. También está la otra cara, que es Dios.

UTILIZA TU ATADURA CON CRISTO

Nombrarlo, confesarlo, cancelarlo, arrojarlo: todo esto es útil para cortar con tus ataduras no deseadas. Pero debo decirte que para lidiar con algo tan poderoso como el sexo nada de esto es suficiente. Es como cuando una persona está a dieta. Come quinoa y bebe té verde por tres semanas, pero luego abandona porque las buenas intenciones no son suficientes para llegar a la meta. ¿Sabes a lo que me refiero?

Tal vez te digas: «Entiendo lo que dices acerca de romper con las ataduras de nuestros pecados sexuales pasados y continuar nuestro camino en las relaciones de manera pura. Me gustaría poder hacerlo, pero es tan difícil... Estoy soltero y no puedo vivir sin sexo». O «No puedo borrar estos pensamientos pervertidos de mi cabeza. Lo sé porque ya lo he intentado». O «Ella ya no me quiere, pero yo realmente la amo, y lo que siento por ella es la única conexión que me queda con ella». O «Ahora soy adicto a la pornografía. No puedo parar». O «Mi novio no quiere que nos casemos, y no puedo dejarlo porque tenemos hijos».

Estás en lo cierto, no puedes romper del todo con esas ataduras por ti mismo.

¡Pero Dios en ti *sí puede*!

Recuerda, la principal ligadura de tu alma es con Dios. Aprovecha tu unidad con Él y busca su poder. Es un poder explosivo. Es un poder que desafía la muerte.

Luego de que Pablo dijo: «el cuerpo no es para la inmoralidad sexual, sino para el Señor, y el Señor para el cuerpo», añadió algo que puede parecer fuera de lugar. Dijo: «Con su poder Dios resucitó al Señor, y nos resucitará también a nosotros» (1 Corintios 6:13-14).

Cuando leí eso por primera vez me sentí confundido. Es algo hermoso y lo creo, ¿pero por qué lo pondría Pablo justo allí? ¿Por qué escogió mencionar el poder de la resurrección cuando hablaba de la inmoralidad sexual?

Lo pensé y lo pensé... hasta que finalmente lo entendí.

Pablo sabía que los lectores de sus cartas —aquellos corintios de una cultura sexualmente inmoral como la nuestra— se sentirían desalentados con lo que estaba diciendo. Pensarían que era demasiado difícil, si no imposible, abandonar el sexo fuera del matrimonio. Existían demasiadas tentaciones, demasiados hábitos, un impulso interno de transgresión demasiado fuerte. Lo que Pablo dijo fue lo siguiente: «no importa cuál sea tu problema sexual en este momento. Si Dios tiene el poder de resucitar el cuerpo de Jesús y luego el tuyo de entre los muertos, ¡tiene suficiente poder para ayudarte a manejar tu cuerpo mientras vivas!».

Quizás tú no puedas controlar tus hábitos sexuales inapropiados, pero Dios puede hacerlo si se lo permites.

Al rendirle nuestra sexualidad, Él no nos dejará allí diciendo: «Bueno, de aquí en adelante arréglatelas por ti mismo». No. Él dice: «Soy el Dios todopoderoso. Vine a apoyarte, a restaurarte y a darte fuerzas. Conmigo viviendo dentro de ti por causa de mi Hijo y a través de mi Espíritu, tienes todo el poder que necesitas para romper con cada atadura del alma que te está frenando para que alcances las metas en el amor que te he inspirado».

Tal vez ya has intentado romper con tus ataduras una, otra y otra vez. Tal vez ya has meditado acerca de los consejos prácticos que te di anteriormente, y has intentado ponerlos en práctica. Lo has intentado, pero... ¿has intentado con Jesús? El sexo tiene poder, *¡pero Dios tiene más poder!* Tu atadura indeseada no es demasiado fuerte. No es rival suficiente para el poder de Dios en tu vida.

> TAL VEZ YA HAS INTENTADO ROMPER CON TUS ATADURAS, ¿PERO HAS INTENTADO CON JESÚS?

8 EL TRIÁNGULO

Tuvimos que aprender a ceder.
Tuve que comprender lo que tengo, lo que soy y lo que no soy.

—JASON MRAZ, «I Won't Give Up» [No me daré por vencido]

No me daré por vencido
Para hacerme sentir que pasé suficiente tiempo contigo

—TRAIN, «Marry Me» [Cásate conmigo]

Desde que llegaste a mi vida, se ha completado el círculo.

—BOB DYLAN, «Wedding Song» [Canción de boda]

Apuesto a que cuando eras niña jugabas a la casita. Tal vez tú o tu amiga tenían los nuevos muñecos Barbie o Ken, y pretendían que estaban felizmente casados, viviendo una gran vida juntos en la casa soñada de Barbie, con piscina en la terraza y el convertible rosado aparcado en la puerta.

La vida real no se parece mucho a eso, ¿no es cierto?

No me malinterpretes. El matrimonio es fabuloso… cuando te casas con la persona correcta, cuando tú eres la persona correcta, cuando estás comprometido a trabajar los problemas, cuando aprendes a disculparte por haberte comido las sobras de su comida que había reservado en el refrigerador, cuando no te ofendes si ella te repite una y otra vez que bajes el asiento del inodoro (¡perdóname, Natalie!, creo que estoy hablando sobre mis propios asuntos). Lo que quiero decir es que lo bueno de un matrimonio depende de los individuos que lo integran.

Pero un gran matrimonio, el tipo de matrimonio que cualquiera tiene como meta en el amor, conlleva más que eso. Verás, yo asumía que dos personas que representan 50 % cada una se unían y conformaban un 100 % o lo más cercano a eso. Mi razonamiento hasta parecía bíblico porque, como hemos visto más de una vez, nos han dicho: «Por eso el hombre deja a su padre y a su madre, y se une a su mujer, y los dos se funden en un solo ser» (Génesis 2:24). En otras palabras, yo pensaba que la ecuación del matrimonio era $\frac{1}{2} + \frac{1}{2} = 1$. En mi mente, esa era la razón por la cual la gente llama a sus cónyuges «mi otra mitad» y dicen cosas como «tú me completas».

Jerry Maguire es un mentiroso.

Estoy casado desde hace ya algunos años, pero me di cuenta enseguida de que mi ecuación del matrimonio estaba muy errada. La verdadera, en realidad es esta: $1 + 1 + 1 = 1$.

¿Te estás cuestionando en este momento todo lo que aprendiste de matemáticas en segundo grado? Permíteme ayudarte. Un hombre completo más una mujer completa más Dios en el medio crean un matrimonio sano.

Si estás casado, es importante que trabajes en el progreso de tu relación, dentro de ti mismo, antes y durante la relación. Con suerte tu pareja estará haciendo lo mismo. Pero aún más importante es la presencia del tercer participante en la relación. La participación de Dios hace posible que el esposo pueda cumplir con su propósito, que la esposa pueda hacer lo mismo, y también el matrimonio.

Quiero proponer que este versículo se lea en cada boda cristiana: «Esfuércense por mantener la unidad del Espíritu mediante el vínculo de la paz» (Efesios 4:3). Deberíamos asegurarnos de que Dios esté en el centro de nuestra relación, permitiendo que ambas partes se acerquen la una a la otra y a Dios, mientras, al mismo tiempo, cumplen su propósito como individuos. Y si una relación así dura para siempre, no es por mucho tiempo.

ACERCÁNDOSE

No soy el primero en decir esto, pero es muy cierto: un matrimonio santo es como un triángulo. Primero, el esposo y la esposa están conectados en la base de la figura. Cuando esto sucede en una relación se genera una conexión hermosa, honrada, destinada a llenar de vida a ambas partes. Una relación así es un lazo estrecho que ha de ser cortado meticulosamente y con dolor, como ocurre cuando dos personas tienen sexo fuera del matrimonio. Desde el primer día un esposo y una esposa están unidos en un pacto sagrado, una clase de atadura fabulosa. El vínculo fue creado intencionalmente para durar toda la vida, y con suerte, la pareja irá fortaleciendo su conexión y disfrutará de sus recompensas mientras vivan.

Pero está también la cima del triángulo, donde está Dios conectado con cada uno de los miembros del matrimonio (asumiendo que ambos creen en Jesús), lo cual les otorga otro medio de estar conectados entre ellos a través de Dios. Y observa esto, es una verdad geométrica y espiritual que si ambas partes se acercan más a Dios, cada uno se acercará más al otro. El hecho de que Dios esté en medio de ese matrimonio es la clave para que la relación triunfe.

DIOS EN MEDIO DEL MATRIMONIO ES LA CLAVE PARA QUE LA RELACIÓN TRIUNFE.

DIOS

Esposo   Esposa

Permíteme resaltar otra verdad que el diagrama nos muestra: un triángulo no es un sistema de poleas. Lo que quiero decir con esto es que si la esposa es una cristiana más espiritual y más devota que su esposo, no puede levantarlo a él (y, obviamente, lo opuesto es igual de cierto: él no puede levantarla a ella). Tomemos como ejemplo el *reality show* Fixer Upper [Remodeladores]. ¡Es un gran programa! Las remodelaciones del hogar son grandiosas porque la mayor parte de los aspectos que involucra están dentro de tu área de influencia y no debes cavar muy profundo, más allá de la superficie. En el matrimonio no es tan así, al menos dentro de los límites de tu propio poder y tu propia voluntad. Aunque la pareja esté en lugares distintos en términos de progreso espiritual, no se trata de una competencia de uno contra el otro. No es «yo estoy más cerca de Dios que tú. Yo oro más. Sé más que tú sobre la Biblia. Yo no cometí esos pecados que tú cometiste. Así que te mostraré dónde estás fallando». No. Dios es responsable de levantarlos a ambos y llevarlos hacia Él, juntos, tomados de la mano, y lo hace gradualmente, a su propio modo y a lo largo del tiempo.

Aunque estén unidos en matrimonio desde el día que dicen «Sí, quiero», unirse hasta conformar uno solo es un proceso que dura una vida entera. Acercarse a Dios también conlleva una vida. Esta es la clase de maratón en la que corres alentando al otro, no como competidor.

EL PLAN DE UNIDAD DE DIOS

¿Puedo contarte lo que llamo el plan de unidad de Dios? Su plan es que sea un solo Dios, un hombre, una mujer, un matrimonio, un compañero sexual, una carne, una vida entera para lograr una sola imagen. Esto es mucho más simple, estable y bello que toda la locura y todos los enredos que caracterizan las relaciones en nuestra cultura.

Todo tiene que ver con la unidad.

Pero espera; ¿qué quiero decir con «una imagen»?

El matrimonio fue pensado para ser un reflejo en la tierra de la relación de Dios con la Iglesia: «Como dicen las Escrituras: "El hombre deja a su padre y a su madre, y se une a su esposa, y los dos se convierten en uno solo". Eso es un gran misterio, pero ilustra la manera en que Cristo y la Iglesia son uno» (Efesios 5:31-32, NTV).

> **EL MATRIMONIO FUE PENSADO PARA SER UN REFLEJO EN LA TIERRA DE LA RELACIÓN DE DIOS CON LA IGLESIA.**

Mucha gente dice cosas como esta: «Nunca he visto a Dios. No puedo creer en Él». Precisan de algo que les ayude a entender cómo tener una relación con el Dios invisible.

Creo que tras las intenciones de Dios para con el matrimonio estaba esto: que las personas que no conocen a la pareja vieran un matrimonio sano y dijeran: «Oh, ahora comienzo a comprender el amor de Dios por nosotros». Y que lo buscaran a Él al mismo tiempo que buscan relaciones virtuosas con otras personas.

La mayoría de nosotros no podemos pagar una pintura costosa, como una de Renoir o Monet o algún pintor de esa talla. Por eso las compañías crean copias o reproducciones de esas pinturas para nosotros. Muchos tenemos una copia en nuestra casa o departamento o residencia estudiantil. Es tan solo una copia, pero es hermosa porque se parece y refiere a la pintura original.

Así es el matrimonio. El original —la obra maestra inigualable— es la relación de Dios con su pueblo. Pero un matrimonio santo es una copia hermosa que todos podemos mirar y admirar. Y lo que revela es una imagen de amor fiel y sacrificado.

La intención nunca fue que el matrimonio fuera solo un esposo y una esposa. La participación de Dios en la relación siempre estuvo en los planes. De hecho, el plan es que Él sea el foco de la relación, porque Dios es amor, y el amor conlleva una acción. Todos conocemos el versículo: «Porque tanto amó Dios», ¿que hizo qué? «Dio» (Juan 3:16). Nunca conocerás al amor verdadero hasta que no haya un verdadero sacrificio de entrega.

La mayoría de las personas de nuestra generación busca recibir. Tal vez no lo digan en voz alta, pero en su corazón se preguntan: *¿Qué puedo obtener de esta relación? ¿Qué hay en ella para mí?* Quizás has sido herido por otra persona con esa actitud, o fuiste tú quien generó el daño.

El verdadero signo del amor es dar, y dar conlleva sacrificio. Por eso Efesios 5:25 dice esto a los esposos: «amen a sus esposas, así como Cristo amó a la Iglesia y se entregó por ella». Y las esposas deben someterse a sus esposos (Efesios 5:22). No hablamos de un dominio autoritario o agresivo, sino de tener una visión y estar sometido a una misión. Por eso me gusta llamarle amor sumiso; se parece a lo que dice

Efesios 5:21 tanto para el marido como para la mujer: «Sométanse unos a otros».

¿Quieres una verdadera definición de matrimonio? Tiene mucho de morir uno mismo. Te despertarás cada mañana y morirás tu mismo; a lo que tú quieres hacer, a tus gustos, a tus expectativas del día; tendrás que poner algunas de ellas en espera por amor a tu cónyuge. Pero es todo en pos de la unidad, y esa es una de las imágenes más hermosas, porque te vuelves más como Dios y puedes entregarte a alguien que no quiere todo lo que tú quieres.

El propósito de Dios para tu matrimonio es que los dos triunfen como pareja en la relación. Pero no se trata de un triunfo egoísta. No quiero que nadie contraiga matrimonio pensando que no será como Jesús dijo que era; es decir, que amarás a tu pareja haciendo sacrificios. Por eso al principio del libro dije que el amor, en el sentido más profundo, no llega sino después del matrimonio.

PRIMERO VIENE EL MATRIMONIO, DESPUÉS EL AMOR

Nuestra cultura —ya sabes, esa que nos arruina las relaciones— enfatiza el amor *antes* del matrimonio. Piensa en todas las canciones de amor, las comedias románticas, los programas de TV, los anuncios publicitarios…

Conocer a alguien que nos gusta puede generarnos emociones fuertes rápidamente. Pero muchas veces esas emociones se generan porque anhelamos tanto estar enamorados y tener una relación que hemos sujetado a otra persona a nuestro sueño. Las emociones nos ciegan al punto de no poder ver a la otra persona con claridad. No sabemos realmente quién es, y tal vez nosotros tampoco estemos siendo del todo reales. Puede que sea la persona correcta para nosotros, o puede que no lo sea. Los sentimientos no son suficientes por sí mismos para ayudarnos a discernir.

Otras veces pensamos que estamos enamorados, pero en realidad lo que sentimos es una palabra de siete letras que comienza con l: *lujuria*. Tú sabes de lo que hablo.

Si estás saliendo con alguien y sientes que estás enamorado, me alegro por ti. Es un momento hermoso que recordarás con cariño si terminan casándose. Solo digo que cuando estás casado y comprometido con el otro de por vida, descubrirás un amor más completo, más maduro; un amor que no se queda perdido en la apariencia del otro o en su sentido del humor, en divertirse y acurrucarse, sino que se da cuenta de todo lo que tienen para darse el uno al otro.

> CUANDO ESTÁS CASADO Y COMPROMETIDO CON EL OTRO DE POR VIDA, DESCUBRIRÁS UN AMOR MÁS COMPLETO.

Tengo una comparación que puede que te ayude a entender esto. ¿Cuánto amabas a Dios antes de aceptarlo como tu Señor y Salvador? Realmente, piénsalo. Muchos de nosotros no aprendimos a amar a Dios hasta que hicimos un pacto con Él. Solo después de que hicimos un compromiso con Él, comenzamos, por su gracia, a progresar en nuestro camino de amor por Él.

Entonces, lo que estoy sugiriendo es que el amor romántico realmente se solidifica y se hace real después de casarte. Se crea y se forja con el tiempo, a través de los altibajos de la vida.

La Primera Carta de los Corintios, capítulo 13, nos muestra cómo el amor es paciente y bondadoso: *Te he dicho mil* veces cómo funciona el control remoto, pero está bien; te explicaré de nuevo. El amor no es celoso: *No me incomoda que ganes más dinero que yo. Estoy orgulloso de ti, cariño*. El amor no es fanfarrón ni orgulloso: *En el fondo sé que soy mejor cocinero que tú, pero puedo guardarme ese comentario y comer tu bistec reseco*. El amor no se comporta con rudeza: *Solo porque estamos juntos todo el tiempo, no dejaré que eso sea una excusa para dejar de prestarte atención y tratarte con respeto*. No exige que las cosas se hagan a su manera: *Preferiría ir de vacaciones a la playa, pero me doy cuenta de lo importante que es para ti visitar a tus padres, así que la ciudad de Pittsburg está bien*. El amor no se irrita: *De nuevo dejaste pelos en el lavabo luego de afeitarte, aunque ya te he dicho que me da asco. Pero supongo que solo te olvidaste, así que yo misma limpiaré el lío*. No lleva un registro de las ofensas recibidas: *Te has disculpado; disculpas aceptadas; fin*. Uno no se alegra de la injusticia, se alegra cuando la verdad triunfa: *Tenías razón y yo estaba equivocado. Qué bueno que estemos de nuevo del mismo lado*. El amor nunca se da por vencido, jamás pierde la fe, siempre tiene esperanzas y se mantiene firme en toda circunstancia: *Sin importar qué desafío llegue a nuestra vida, lo enfrentaremos juntos con fe en Dios, y un aniversario tras otro, nuestra vida juntos contará una historia más heroica*.

Pero el matrimonio no solo *demanda* más amor. También lo *brinda*. El verdadero amor llega luego del matrimonio porque puede hacerlo.

En el matrimonio estamos *comprometidos* el uno con el otro. Estamos en este trato de por vida, así que seremos transparentes hasta lo más profundo que puedan serlo dos seres humanos, siempre recurriremos el uno al otro y nos serviremos entre nosotros. Compartiremos nuestra cama, nuestros sueños, nuestros hijos, nuestras dificultades, nuestros logros, nuestra fe, nuestra vejez.

Anteriormente enfaticé que el matrimonio es el contenedor del sexo que Dios ha ordenado, porque impide que este se desborde y cause una inundación destructiva. Pero también es el contenedor del sexo porque es el acto más poderoso, el que de verdad mantiene a una pareja emocionalmente vinculada. Una vida sexual regular acerca a un esposo a su esposa de la manera más sensible e íntima. Restaura y fortalece su unidad una y otra y otra vez.

Y, además, recuerda que Dios es el tercer integrante del matrimonio. Su amor es un recurso infinito que comparte con nosotros. Nos sacrificamos por nuestra pareja en el matrimonio, aunque eso sea un acto contrario al egoísmo natural del ser humano, porque Dios nos da el amor para poder hacerlo. Lo que dice la Primera Carta de Juan nunca es más cierto que dentro del matrimonio: «Nos amamos unos a otros, porque él nos amó primero» (1 Juan 4:19, NTV).

Con el tiempo, el amor de la pareja crece en el matrimonio para ser más como el de Dios, o al menos está destinado a eso (sabes que me refiero al ideal, ¿no es cierto?, al potencial de esta relación diseñada por Dios. También está la realidad de dos personas pecadoras que viven en un mundo pecador, así que ningún matrimonio luce siempre como debería). Y por este amor están listos para tener hijos, si ese es parte del llamado de Dios para ellos.

FRUCTIFICANDO Y MULTIPLICÁNDOSE

Una de las primeras instrucciones de Dios para Adán y Eva fue la de ser fructíferos y multiplicarse. Pero aquel no era un mandamiento referente a la agricultura. Era un mandamiento al estilo del cantante Marvin Gaye, del tipo «apaga la luz y hagámoslo». Todo acto tiene una consecuencia, y a veces esa consecuencia llega nueve meses más tarde.

Los niños son una bendición de Dios, pero muchas veces el ambiente en el que nacen no es sano. No estoy hablando de sus condiciones de vida o de si su papilla es orgánica o no. Estoy hablando de la verdadera motivación tras la multiplicación de sus padres. Aconsejo a muchos padres porque los individuos con los cuales se relacionan no les prestan atención. Su desesperación por sentirse reafirmados, por obtener atención, amor y aprecio los lleva a tener hijos, con la esperanza de que los bebés llenen su vacío. Este modo de pensar culmina en mucha decepción y expectativas no comunicadas. Un hijo nunca puede llenar el vacío creado por una pareja indiferente.

Otras personas tienen bebés solo porque tienen sexo sin tomar precauciones. Así, el hijo se presenta de manera no intencional. Si la crianza que ese niño recibe resulta tan descuidada e imprevista como su concepción, no será lo mejor para él.

Hoy en día los niños crecen en hogares con un solo padre, donde solo consiguen la mitad del modelo de género que necesitan seguir. O sus padres viven juntos, pero no están casados, y los niños crecen sintiéndose vulnerables porque saben que la base de la familia —la relación de sus padres— está basada en un acuerdo no oficial que podría desvanecerse de un momento a otro. O los padres *sí* se casan por amor a sus hijos, pero en realidad no quieren estar casados, así que es más un acuerdo por deber y tal vez, el hogar es un lugar de conflicto y resentimiento. O los padres están divorciados y los niños boleados de una casa a la otra como una pelota de tenis. O viven con la madre porque el padre los abandonó, pero la casa es un desfile de hombres, que pone en riesgo a los hijos y les enseña que es normal que las relaciones de los adultos sean temporales. ¿Estamos siendo sinceros sobre cómo nuestras relaciones pueden afectar a nuestros hijos?

Las relaciones de los adultos de la casa son importantes porque los niños solo pueden aprender del bien que ven en el hogar. Una generación de malas relaciones engendra malas —o peores— relaciones en la generación siguiente.

Bueno, sé que todos cometemos errores, y sé que algunas personas son padres solteros que nunca quisieron estar en esa situación.

Además, las personas pueden cambiar, y Dios puede, de maneras asombrosas, extraer cosas buenas de lo malo. Pero escúchame: el ideal de Dios es que nos reproduzcamos como resultado de nuestro amor, no de nuestra disfunción. Se supone que nuestra fructificación es parte de nuestra fidelidad, y que nuestra multiplicación se lleve a cabo dentro del matrimonio. El triángulo del matrimonio brinda la mejor oportunidad de crear un lugar seguro para que los niños crezcan sanos y sean positivos hasta que estén listos para salir al mundo por su cuenta.

Tal vez ni siquiera tú fuiste criado en ese tipo de hogar. Eres hijo de padres divorciados o no casados, has crecido con malos ejemplos de mamá y papá, de tías, tíos, primos y abuelos. Es probable que hayas sufrido cierto abuso o abandono cuando crecías que se convirtió en temor o ansiedad. Bueno, alguien en tu familia debe levantarse y romper con la maldición generacional. ¿Por qué no *tú*? Declara hoy: «¡No pasará lo mismo conmigo! Tendré

> **DEBERÍAMOS REPRODUCIRNOS COMO RESULTADO DE NUESTRO AMOR, NO DE NUESTRA DISFUNCIÓN.**

UNIDAD Y DIVERSIDAD EN EL MATRIMONIO

Aun en un buen matrimonio la relación puede ser tensa; hicimos un pacto de unión, pero no siempre nos *sentimos* unidos. Somos una unidad, pero también somos dos y somos distintos.

Ayuda recordar que esta tensión se parece mucho a la tensión que existe entre la unidad y la diversidad dentro de la Iglesia, el conjunto de personas que están en una alianza de fe salvadora con Jesucristo. Leamos Efesios 4:3-8:

> Esfuércense por mantener la unidad del Espíritu mediante el vínculo de la paz. Hay un solo cuerpo y un solo Espíritu, así como también fueron llamados a una sola esperanza.
>
> Un solo Señor, una sola fe, un solo bautismo; un solo Dios y Padre de todos, que está sobre todos y por medio de todos y en todos.
>
> Pero a cada uno de nosotros se nos ha dado gracia en la medida en que Cristo ha repartido los dones. Por esto la Escritura dice:
>
> «Cuando ascendió a lo alto, se llevó consigo a los cautivos y dio dones a los hombres».

¿Has visto? En esas palabras a la Iglesia se repite la palabra *uno*. Pero también vemos que Dios le da distintos dones a cada uno, lo que significa que espera que hagamos cosas distintas para Él.

¿Qué pasaría si le pidieras a Dios que transforme la tensión matrimonial en *tensión creativa*: una verdadera unidad en el compromiso que mantenga el equilibrio con tu propia individualidad otorgada por Dios y la de tu cónyuge? ¡Eso sí que suena a una aventura de por vida!

hijos solo dentro del matrimonio, un matrimonio que honre a Dios y viva el amor a la manera de Cristo».

En nuestra época esa es una decisión contracultural, y te respeto por asumir el desafío. Pero otro desafío que quizás debas enfrentar es compartir la vida, y tal vez los hijos, con alguien que no es creyente como tú.

UN TRIÁNGULO INCOMPLETO

Cuando discutimos acerca de las citas en el capítulo 4, hablé de no formar un «yugo desigual» (2 Corintios 6:14, RVR60). Un creyente no debería salir con un no creyente, ya que una persona que no conoce a Jesús no cumple con el estándar de «compatibilidad» de Dios, y el punto de salir con alguien intencionalmente es encontrar una pareja que pueda unirse a nosotros en los propósitos y la bendición de Dios y conformar juntos un triángulo.

¿Pero qué pasa si, de todos modos, te casas con un no creyente? Eso sucede. Yo lo llamo «el triángulo incompleto», porque esposo y esposa están conectados el uno al otro, pero solo uno de ellos está conectado con Dios.

> ¿QUÉ PASA SI TE CASAS CON UN NO CREYENTE?

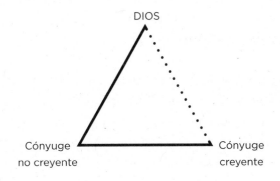

DIOS

Cónyuge no creyente

Cónyuge creyente

No es fácil estar en un matrimonio de yugo desigual. Amas a tu esposo o esposa y quieres que él o ella conozca el gozo de estar unido a Dios como tú. Sin embargo, tu compañero no quiere orar o asistir contigo a la iglesia ni tener una relación con Dios. La diferencia de creencias y valores puede ocasionar heridas en ambos y alejar a una pareja. Si esa es tu situación, estoy seguro de que negociar las complejidades de un matrimonio de espiritualidad mixta nunca fue parte de tus metas en el amor.

Pero anímate. La Biblia habla de cómo la fe de una sola persona en el hogar puede salvar a la familia entera.

Si algún hermano tiene una esposa que no es creyente, y ella consiente en vivir con él, que no se divorcie de ella. Y, si una mujer tiene un esposo que no es creyente, y él consiente en vivir con ella, que no se divorcie de él. Porque el esposo no creyente ha sido santificado por la unión con su esposa, y la esposa no creyente ha sido santificada por la unión con su esposo creyente. Si así no fuera, sus hijos serían impuros, mientras que, de hecho, son santos. Sin embargo, si el cónyuge no creyente decide separarse, no se lo impidan. En tales circunstancias, el cónyuge creyente queda sin obligación; Dios nos ha llamado a vivir en paz. ¿Cómo sabes tú, mujer, si acaso salvarás a tu esposo? ¿O cómo sabes tú, hombre, si acaso salvarás a tu esposa? (1 Corintios 7:12-16).

Tal vez te encuentres en una situación similar y estás pensando: *Desearía haber tenido una relación con Dios diecisiete años atrás, cuando me casé con José. Ahora es doloroso ver que estamos en dos lugares diferentes.* O también: *Cuando nos casamos pensaba que Amy era creyente como yo. Estaba tan equivocado...* La vida puede ser complicada. Existen tensiones. No siempre sientes que ambos van en la misma dirección.

Sin embargo, a fin de cuentas, Dios es un Dios redentor. Puede tomar cosas que están rotas y volverlas a unir. Puede llenar la parte del triángulo que falta. Puedes comenzar de nuevo y Dios puede hacer algo grandioso.

Mientras tanto...

- Sigue trabajando en tu propia relación con Dios. Él debe continuar siendo tu prioridad sin importar lo que suceda.
- Intenta comprender la visión de tu cónyuge acerca de Dios, de la fe, la Iglesia, la Biblia y demás. Quizás ha sido herido o ha malinterpretado algo, y tú puedes ayudarle.
- Acepta que no puedes forzarlo a creer. Solo puedes alentarlo y ser un ejemplo y un modelo de fe.
- Continúa amándolo e intenta construir en su vida buscando lo bueno que hay en él.
- Evita ponerte prejuicioso o actuar con superioridad. Mantente humilde.
- Negocia asuntos como la asistencia a la iglesia, estándares morales y estrategias de crianza.
- Permanece en oración por tu pareja, y pídeles a otros que oren también. Nunca dejes de creer que Dios puede ablandar aun el corazón más duro.

Brian y Sheila se casaron muy jóvenes, tuvieron hijos a temprana edad y, sumado a eso, tenían el honor y llevaban la carga de ser una familia militar. En un primer momento, su fe en Dios era fuerte, firme y alineada, pero varios años después Brian comenzó a apartarse de ese camino. Lento, pero seguro, comenzó a apasionarse por cosas que no había acordado con su esposa. A Sheila le parecía extraño que él estuviese ahora tan en contra de los estándares que juntos habían acordado. La decisión de Brian lo llevó por un camino oscuro, y decidió que separarse era mejor que seguir viviendo juntos. Él y Sheila eran un yugo desigual.

A pesar, opuestamente a él, ella decidió con mucho coraje continuar buscando a Dios, enseñándole a sus niños la Palabra de Dios, y amando a su esposo y orando por él. Todo esto era conflictivo para Sheila, porque la unidad que alguna vez ambos compartieron era ya tan solo un recuerdo. Sin embargo, los años de fidelidad fueron alimentados por la relación de Sheila con Dios.

Fortuitamente, un día ella se topó con la serie de sermones de *Relationship Goals* [Metas en el amor] en YouTube. Esto le dio un aliento adicional para creer. Le envió uno de los videos a Brian y le pidió que lo viera. Ese acto, que parece pequeño, fue el inicio de la restauración de su matrimonio. El compromiso de Sheila con el pacto permitió que Brian experimentara un cambio de actitud. Hoy se encuentran juntos, disfrutando del amor y de la vida de familia en un triángulo restaurado.

Desafortunadamente, otros triángulos se rompen y nunca vuelven a restaurarse.

UN TRIÁNGULO ROTO

Con respecto al matrimonio, el plan de Dios es unir y reinar; el de Satanás es dividir y reinar. ¿Has notado alguna vez que la serpiente no apareció en el Edén sino *hasta* que Eva fue creada y hubo unidad entre ella y Adán? El enemigo vio un hermoso triángulo de amor, y en su mente retorcida decidió: «No puedo permitir esta unidad. Tengo que engañarlos».

Todavía hoy disfruta de ver matrimonios derrumbándose. Odia a Dios, y no quiere que el mundo sea el escenario de una representación de la gracia y el amor de Dios por sus hijos.

¿QUÉ PASA SI TE CASAS CON UN NO CREYENTE?

Imagina que alguien tomara un rotulador y garabateara sobre la copia de la *Mona Lisa*, o de *La noche estrellada* de Van Gogh, o sobre el póster de Michael Jordan con los seis anillos, o lo que sea que tengas en una de las paredes de tu casa. Sería una desgracia, una profanación de la decoración de tu hogar. Eso es lo que el enemigo intenta hacer con los matrimonios. No puede romper con la unidad entre Cristo y la Iglesia (la obra original), entonces intenta arruinar su imagen en el mundo (la copia): la conexión entre un esposo y una esposa. Y de hecho la imagen cambia. El matrimonio da la impresión opuesta a la que debería dar: la gente ve un matrimonio fallido y dice: «¿Lo ves? El amor es imposible en este mundo».

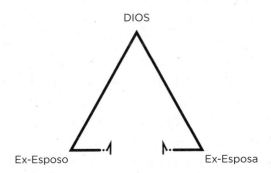

DIOS

Ex-Esposo   Ex-Esposa

Satanás ama el divorcio. ¿Pero qué dice Dios sobre esto? «¡Pues yo odio el divorcio!... Divorciarte de tu esposa es abrumadoramente de cruel» (Malaquías 2:16, NTV). Jesús dijo que el divorcio «no fue la intención original de Dios», lo que quiere decir que su intención es la unidad de por vida (Mateo 19:8). También manifestó claramente: «Así que ya no son dos, sino uno solo. Por tanto, lo que Dios ha unido, que no lo separe el hombre» (Marcos 10:8-9).

Jesús dio solo una razón aceptable para el divorcio: el adulterio. «El que se divorcia de su esposa y se casa con otra comete adulterio, a menos que la esposa le haya sido infiel» (Mateo 19:9, NTV). Hemos visto que el sexo es tan poderoso que aun sin una alianza puede crear una especie de «matrimonio»; aparentemente el sexo también es tan poderoso que cuando un integrante de la pareja se aparta del matrimonio para obtenerlo, esto se convierte en un fundamento legítimo para terminarlo.

No *tiene* que terminar el matrimonio. El adulterio no significa necesariamente que el matrimonio está sentenciado a acabarse. Existen también el perdón, la reconciliación y la restauración. (¡Gracias a Dios que Jesús no se divorció de su Novia por todas nuestras traiciones! Aun si nosotros somos infieles, Él se mantiene fiel). Tú y yo conocemos ejemplos de matrimonios que han sobrevivido a una situación así. El divorcio no es obligatorio en casos de adulterio; tan solo es la respuesta más extrema permitida para este pecado.

No ser feliz en el matrimonio no es una razón para divorciarse. Querer casarse con otra persona tampoco lo es. Ser un yugo desigual es una razón adecuada, sin embargo —aparte del adulterio— la única otra excepción que da el Nuevo Testamento es cuando el cónyuge no creyente en un matrimonio cristiano/no cristiano quiere separarse (1 Corintios 7:15). El llamado para los creyentes de un matrimonio disfuncional es soportar hasta el final y hacerlo funcionar lo mejor que puedan.

No sé cómo es la relación de cada persona, y probablemente haya matices en tu situación específica que son casi inaceptables. Si estás en un matrimonio insalubre o abusivo, busca ayuda. No sufras en silencio. Tal vez necesites separarte y buscar consejo intensivo. He visto y aconsejado a parejas que se hallaban en esta situación de fragilidad que han sido restauradas.

No me tomo los matrimonios infelices a la ligera. A menudo el dolor es intenso, y al lidiar con los problemas de la relación, te distraes de tus propósitos y metas personales. Una de las grandes razones por las que escribí este libro es porque anhelo desesperadamente que las personas tomen buenas decisiones en cuanto al matrimonio, en primer lugar, y se eviten así mucho dolor y frustración. Pero más allá de eso, el vínculo del matrimonio es tan importante que Dios no quiere que se rompa, excepto en casos de infidelidad. Y, además, por más dolorosa que pueda ser una mala relación, un divorcio puede ser peor.

Ya hemos hablado acerca de cómo la separación de una pareja que ha tenido sexo es como separar dos pedazos de papel pegados. Lo mismo pasa con el divorcio, solo que peor, porque han sido pegados tan cuidadosamente y por tanto tiempo, de un modo tan significativo y comprometido, que el daño que se genera al separarse es terrible. No hay modo de no dejar grandes trozos de ti en el otro.

Me atrevería a decir que pasar por un divorcio puede ser peor que ver morir al ser amado. ¿Por qué? Porque cuando alguien muere, hay un cierre. Lo entierras. Haces el luto. Aprendes a seguir sin él o ella. Pero con el divorcio es una pérdida perpetua. Cada vez que ves a tu ex, puedes volver a revivir las emociones y el remordimiento. *No puedo creer que invertí tanto tiempo en ella*, o, *allí está, sentada con su nuevo chico, y aquí estoy yo. Soy un perdedor.* Hay riñas sobre la pensión alimenticia de los hijos, la propiedad y los derechos de visita. Sus discusiones nunca se resolvieron realmente, solo se disolvió el pacto.

Si estás en un matrimonio disfuncional en el que no hay adulterio, pero estás cansado de intentar que funcione, con seguridad puedo darte un mandamiento del Señor: aférrate con fuerza a Jesús y vuelve a intentar la reconciliación dentro de tu relación. Deja de pensar en el divorcio como una salida. Si es de ayuda para ti, recuerda que muchas personas que se divorcian se dan cuenta de que no son más felices que cuando estaban en la relación problemática. Muchas parejas casadas que se han mantenido unidas durante los tiempos difíciles han advertido que el verdadero premio llega después.

Si ya te divorciaste, bueno, entonces... lo hecho, hecho está. Acepta la nueva vida y la esperanza que Dios te ofrece hoy como persona soltera. Ya lo he dicho: no hay nada de malo en la vida de soltero. Puedes retomar tu búsqueda de propósito luego del divorcio. Y si estás pensando en volver a casarte, sé el doble de prudente un joven que nunca se ha casado. Las estadísticas de divorcio para los segundos matrimonios son peores que para los primeros. Así que sé humilde y advierte que el hecho de haber estado casado anteriormente, no significa que te las sabes todas y puedes arreglártelas sobre la marcha. Esta vez sé reflexivo, mantente en profunda oración, y haz lo que se requiera para crear un triángulo matrimonial que perdure.

Ya sea casado y feliz, casado y luchando, soltero y satisfecho o soltero y en la búsqueda, la vida sigue. Y también nuestra relación con Dios y su propósito para nosotros. Quiero mostrarte especialmente cómo es esto para una persona casada.

PARA AVANZAR, DA MARCHA ATRÁS

Algunas personas se casan, se aman y tal vez tienen hijos, y piensan que eso es todo: el final del camino de las relaciones. Que no hay más metas que alcanzar en la pareja porque ya han llegado. Y tal vez esa actitud funciona, hasta cierto punto, al menos por un tiempo. Por ejemplo, hasta que los niños se van de la casa.

¿Por qué se está incrementando el divorcio en personas mayores de cincuenta y cinco años? Porque cuando los hijos se van de casa, muchas parejas descubren que el proyecto que tenían en común también desapareció. Yo ya no ayudo a nuestro hijo con la tarea ni lo llevo a comprar nuevos pijamas. Tú ya no empacas el almuerzo ni llevas a nuestra hija a la práctica de porristas. Ahora llego a casa y debo mirarte a ti. Deberíamos hablar, pero no tenemos ganas, porque la relación ya no está allí. Se desvaneció en algún punto del camino cuando dejamos de prestarle atención.

¿Recuerdas el proceso normal de las relaciones del que hablé al principio del libro? La soltería, luego las citas, después el compromiso, más tarde el matrimonio, después de eso el amor y tal vez los hijos, ¿verdad?

Bueno, cuando estás casado, a veces es necesario volver al principio del proceso. Sí, debes estar soltero y volver a tener citas con la otra persona.

¿¡Qué!?

No, no quiero que te divorcies y comiences a ir de flor en flor. Ya eres más sabio para eso a estas alturas. Pero escucha lo que estoy por decirte, porque es una clave para que tu matrimonio traiga gozo y honre a Dios hasta que la muerte los separe.

Aun cuando estás casado, nunca deberías dejar de estar «soltero». Estoy hablando de ser un individuo y perseguir el propósito divino y las metas que tienes para tu vida en lo personal. Recuerda el 1 + 1 + 1. Debes seguir trabajando en tu propio 1.

¿Cuál es la razón de encontrar un compañero que apoye tu propósito de vida si no vas a ir hacia este, luego de casarte? Algunas personas que están saliendo se sienten demasiado cómodas y dejan de pensar en su propósito de vida. Así mismo puede pasarte en el matrimonio; en ambos casos es un error. En un matrimonio, sacrificas tus deseos egoístas por tu pareja, pero no renuncias al propósito que Dios te ha dado. Mantén vivo ese deseo santo.

Así que, te pregunto, ¿qué fue lo último que hiciste para mejorar? ¿Tomaste un curso de finanzas para poder ahorrar mejor? ¿Rompiste con un mal hábito, como fumar? ¿Hiciste un plan de entrenamiento y te apegaste a él? ¿Decidiste mirar menos televisión y leer un libro por semana? ¿Estudiaste francés para que cuando visites París puedas saber si la comida que te están sirviendo es buena?

Hacer cosas como estas no es egoísmo, sino que suman en el matrimonio. (Llevarás a tu amado a París contigo, ¿no es cierto?).

Muchas personas dejan de perfeccionarse en aquello para lo que Dios los creó porque están junto a otra persona. Eso es pereza, es falta de visión. No hagas eso. Como persona casada, continúa trabajando en tu «soltería».

Y luego, si tu matrimonio perdura y es vibrante y apasionado, sigan teniendo citas. Ya sabes, citas *intencionales*.

¿Cuándo fue la última vez que invitaste a tu esposa o esposo a una cita? Eso es algo que mantiene fresca la relación. No se queden los dos relajados tan solo viendo películas en la cama. ¿Qué pasó con la búsqueda?, ¿qué sucedió con mostrar interés, conocer más al otro, conectarse? Las citas intencionales en una pareja casada son un tiempo para hablar de cosas de las que tal vez no hablen cuando están ocupados con su vida diaria.

Pero hay más. Lo que sucede con las citas entre casados que no pasa con las citas de solteros es que está bien si terminan en la cama. De hecho, ese es el mejor tipo de citas matrimoniales. ¡Deberían tener muchas de esas!

Tú seguirás cambiando al ir envejeciendo. Y también tu pareja lo hará. Tendrás nuevos sueños y metas. También los tendrá tu pareja. Elegiste a esa persona porque creías que él o ella sería un apoyo divino, y ambos necesitan de un matrimonio que continúe siendo un apoyo para ambos, con o sin niños en la casa. Así que mantente en el proceso. Trabaja en tu soltería, y ten citas con la persona que amas a lo largo de todo tu matrimonio.

> **TRABAJA EN TU SOLTERÍA Y TEN CITAS A LO LARGO DE TODO TU MATRIMONIO.**

UNO

Si estás casado, espero que estés construyendo una relación y una familia hermosa con tu pareja. Si estás soltero, espero que estés en camino a casarte con alguien que ama a Jesús tanto como tú. Muchas de mis mayores alegrías vienen de mi matrimonio con Natalie, y lo mismo puede ocurrirte a ti.

Es totalmente cierto que ninguna relación humana, ni siquiera la relación matrimonial, puede suplantar nuestra relación con Dios; pero también es cierto que ninguna relación humana provee un mejor reflejo de nuestra relación con Él que el matrimonio.

Hagamos que recordar esto sea más fácil. Un triángulo tiene tres vértices, y recuerda que la ecuación es 1 + 1 + 1 = 1. En el matrimonio, Dios quiere que seamos UNO.

U significa reconocer a Dios como *Único* dueño de nuestra relación

Dios es el único dueño de nuestra relación. Él es la roca firme en la cual construimos nuestro matrimonio. Te sugiero que digas con tu pareja esto en voz alta: «Dios es el único dueño de nuestra relación». Al principio te podrá parecer trivial, pero tus palabras tienen poder sobre la vida y la muerte.

Después de reconocer la propiedad de Dios sobre tu matrimonio, debes reconocer la parte de la cual tú eres dueño. Dios definió con claridad los roles del esposo y la esposa por medio de su Palabra. Deja que estos versículos, de los que ya hemos hablado, te guíen por completo.

Sométanse unos a otros, por reverencia a Cristo.

Esposas, sométanse a sus propios esposos como al Señor. Porque el esposo es cabeza de su esposa, al igual que Cristo es cabeza y Salvador de la Iglesia, que es su cuerpo. Así como la Iglesia se somete a Cristo, también las esposas deben someterse a sus esposos en todo.

Esposos, amen a sus esposas, así como Cristo amó a la Iglesia y se entregó por ella para hacerla santa. Él la purificó, lavándola con agua mediante la Palabra, para presentársela a sí mismo como una iglesia radiante, sin mancha ni arruga ni ninguna otra imperfección, sino santa e intachable. Así mismo el esposo debe amar a su esposa como a su propio cuerpo. El que ama a su esposa se ama a sí mismo, pues nadie ha odiado jamás a su propio cuerpo; al contrario, lo alimenta y lo cuida, así como Cristo hace con la Iglesia, porque somos miembros de su cuerpo.

«Por eso dejará el hombre a su padre y a su madre, y se unirá a su esposa, y los dos llegarán a ser un solo cuerpo». Esto es un misterio profundo; yo me refiero a Cristo y a la Iglesia. En todo caso, cada uno de ustedes ame también a su esposa como a sí mismo, y que la esposa respete a su esposo (Efesios 5:21-33).

N significa *Nutrir*

Debemos pasar tiempo orando, adorando, sirviendo y dando porque eso nutre y cultiva nuestra relación con Dios. Al mismo tiempo, debemos alimentar nuestra relación con nuestro cónyuge. Eso hacemos cuando dedicamos tiempo a orar por nuestra pareja, a servirla, a expresarle nuestro amor y a entregarnos a ella generosamente.

O significa *Orientados a la evolución*

Evolucionar requiere crecer. Crecer requiere cambiar. Por eso, mientras más descubres acerca de Dios y tu amado, es inevitable que evoluciones o cambies. Busca crecer tanto en tu relación con el Señor como con tu pareja.

Recuerda que la meta es ser UNO: uno con Dios y uno con tu amado para crear una imagen del cielo en la tierra. Si esa no es una meta a la que vale la pena dedicar tu vida, no sé cuál otra pueda ser.

9 GRANDES CLAVES PARA UN MATRIMONIO EXITOSO

Te encuentro en el altar con tu vestido blanco

—JAGGED EDGE, «Let's get married» [Casémonos]

Tengo claves, claves, claves

—DJ KHALED, «I Got the Keys» [Tengo las claves]

Adoro esta parte del libro porque aquí es donde comenzamos a trabajar juntos. Los ocho capítulos anteriores del libro los escribí yo, pero ahora quiero presentarte a la mejor parte de mi vida: Natalie.

¡Di hola, Nat!

¡Hola gente!

Ella es mi amor de la secundaria, la madre de todos mis hijos. Ella es maravillosa y es toda mía. Es el amor de mi vida. Estoy obsesionado con ella.

Muchacho, para ya. Pero en serio, chicos, espero que a estas alturas del libro estén comenzando a poner metas en sus relaciones. Me emociona que podamos darles consejos serios y útiles para un matrimonio en el mundo real.

La razón por la que este capítulo se titula «Grandes claves para un matrimonio exitoso» es porque una clave brinda acceso a algo que alguna vez estuvo cerrado. Este capítulo tiene potencial para desbloquearlos a todos, sin importar en qué contexto se encuentre la vida de cada uno. Si estás soltero, estarás más equipado para valorar tu soltería. Si estás saliendo con alguien o comprometido, te mostrará cosas para las que debes prepararte, y te ayudará á prevenir ciertos problemas que tal vez tengas que enfrentar en el futuro de la relación. Si estás casado, llevará tu matrimonio al siguiente nivel, o al menos a hacer un buen ajuste.

Como escribió Michael en el capítulo anterior, el matrimonio es el reflejo de la relación de Cristo con su Novia, la Iglesia. Concuerdo con él en eso y sinceramente, pienso que la intención de Dios es que las personas lo vean a Él por medio de nuestro matrimonio. ¡Qué gran privilegio!

Pero no te confundas: el matrimonio también significa ropa sucia, reparaciones del carro, cuentas que pagar, bebés que lloran, inodoros que se tapan, sincronización de agendas, preparación de alimentos y gripe intestinal. Y es malentendidos, discusiones, compromisos, sentimientos heridos y reconciliaciones difíciles.

¿Estás de acuerdo con esto, Michael?

Sí, totalmente.

EL MATRIMONIO ES UNA PARADOJA

¿Estamos todos de acuerdo en que un matrimonio sano es una de las cosas más atractivas de este mundo? Amamos a Denzel y a Pauletta Washington, a Tom Brady y a Gisele Bündchen, a Tom Hanks y a Rita Wilson, a LeBron y a Savannah

James, a Fred y a Wilma Flintstone... Bueno, tal vez en esa última me excedí. Pero, por alguna razón, todos se sienten atraídos por el lazo del matrimonio. Por eso algunas personas fallan hasta ocho veces y siguen intentándolo (si no lo creen, vean la historia de Elizabeth Taylor).

El matrimonio es una paradoja. Es la relación más atractiva del mundo, pero requiere de trabajo duro y sacrificio permanente. Es algo así como estar en forma: los brazos tonificados, los abdominales marcados y las piernas fuertes son atractivos para todo el mundo. Pero hagamos una pausa y mirémonos en el espejo... ¡Estoy bromeando! En parte. Ese tipo de cuerpo es tentador, pero requiere de mucho trabajo.

> **EL MATRIMONIO ES LA RELACIÓN MÁS ATRACTIVA DEL MUNDO, PERO REQUIERE DE TRABAJO DURO Y SACRIFICIO.**

El matrimonio también es trabajo duro.

Construir el hogar que anhelas con el amor de tu vida es atractivo, pero estar de acuerdo en la ubicación, la decoración y el presupuesto no es fácil. ¿Quién hubiera pensado que escoger entre topes de mármol o de granito te haría considerar seriamente hacerte monja?

Para muchos, tener hijos es algo atractivo. Son sueños de jugar a disfrazarte, alentar partidos de las ligas juveniles y organizar fiestas de cumpleaños increíbles que contagien a los demás las ganas de tener hijos. Pero cosas como la infertilidad, niños con necesidades especiales, y aun la muerte de un hijo son tormentas duras que los matrimonios pueden tener que enfrentar.

Es atractivo pensar que tienes un mejor amigo, alguien en quien confiar para sostenerse entre sí. Pero trabajar sobre la infidelidad de una pareja es un trabajo duro. Realmente duro.

La fuerza de esta paradoja nos demuestra que Dios es real. Él puede tomar dos naturalezas contrarias —y me atrevo a decir dos personas opuestas— y entretejerlas para formar un hermoso tapiz que te permita a ti y a otros ver la destreza de Dios. Yo creo que eso es lo que le gusta hacer.

Una vez Dios le pidió a un hombre tartamudo llamado Moisés que le hablara al dictador más poderoso de aquel entonces, el faraón. Paradoja.

David, un joven pastor sin entrenamiento formal, venció al gigante Goliat. Paradoja.

Sara tuvo un hijo a los noventa años, cuando su esposo tenía cien. Paradoja.

Pablo, un perseguidor de cristianos, se convirtió en apóstol y escribió una gran parte del Nuevo Testamento. Paradoja.

La paradoja más grande de todos los tiempos es cómo Jesús, nuestro Señor y Salvador, sufrió una muerte espantosa en la cruz para mostrar su amor a personas que puede que ni siquiera lo aceptaran. Paradoja. Pero gracias a esta paradoja es que tenemos la oportunidad de vivir el perdón, de extender ese perdón a otros, de sanar nuestro pasado y alcanzar el éxito en nuestras relaciones.

Con la ayuda de Cristo, hay cosas prácticas que podemos hacer, hábitos que podemos formar para alzar la vara de nuestro matrimonio a donde debería estar; llevarlo a un punto en el que realmente refleje —aunque de manera imperfecta— la relación de Jesús con la Iglesia. Aquí van las tres claves.

🔑 CLAVE 1: ENTENDER
LAS NECESIDADES DEL OTRO

¿Qué hacías a los doce años? Probablemente yo no andaba en nada bueno. Pero recuerdo haber escuchado una canción en la radio que en ese momento no comprendí del todo. Más de dos décadas después, tras diez años de matrimonio, finalmente comienzo a entenderla. El 28 de noviembre de 1999, Christina Aguilera lanzó un hit llamado «What a Girl Wants» [Lo que quiere una chica]. El coro pegadizo y levemente irritante de la canción decía:

Y te agradezco por saber a la perfección
lo que quiere una chica, lo que una chica necesita.

Desearía que descifrar lo que quiere una chica fuese tan simple como esa canción. Pero estoy aquí para decirte que no lo es.

Y para nosotras las chicas aplica lo mismo a la hora de descifrar lo que quiere un chico.

Por lo tanto, permítannos intentar ahorrarles algo de tiempo. *Querer* es un deseo por algo, algo que se anhela. *Necesitar* es un requerimiento absolutamente indispensable. En el matrimonio es crucial conocer la diferencia entre lo que tu pareja quiere y lo que necesita. La triste verdad es que la falta de comprensión en esta área conduce a confusión y a dolor innecesario.

UNA FLOR, ¿QUIERE AGUA O LA NECESITA?

Muchas veces confundimos una necesidad con un deseo. Una flor, ¿quiere agua o la necesita? Un carro, ¿quiere gasolina o la necesita? Lo que enumeraremos a continuación son *necesidades* que tienen los hombres y las mujeres. No son cosas que damos porque la otra persona se las haya ganado. No son cosas que damos como si fuesen bonos. Son cosas que damos porque la otra persona las necesita. («¡Alerta! Gran clave» dicho con mi voz de DJ Khaled). Los hombres y las mujeres son iguales en el matrimonio, pero Dios nos creó con necesidades diferentes. Él diseñó el matrimonio para permitirles a ambos satisfacerlas.

En vez de *yo* contar todo, Nat, ¿les dirías a los muchachos lo que las mujeres realmente necesitan y cómo los esposos pueden cumplir con ellas?

Ok. La información que contienen las próximas páginas de este libro podría cambiar tu vida drásticamente. No solo soy una mujer, sino que he hablado con muchas mujeres, jóvenes y maduras, de raza negra y de raza blanca. Las tres cosas siguientes parecen ser verdaderas necesidades para su salud y su felicidad.

Las mujeres necesitan seguridad

Cuando digo *seguridad*, quiero decir un lugar seguro. Un lugar seguro para su bienestar emocional, físico y financiero. Esposo: tu mujer debe hallar en ti un lugar seguro para sus sueños, su corazón, sus inseguridades, sus fracasos y sus sentimientos.

Crear un lugar emocionalmente seguro incluye brindar confianza y compromiso de tu parte. En cuanto a lo físico, se trata de un lugar en el que se sienta protegida. Esto es súper práctico e incluye un hogar y un transporte confiable; incluido el respeto por su cuerpo y sus cosas.

El último lugar seguro que necesita una mujer es la seguridad financiera. Ahora, para todos mis muchachos que aún están subiendo la cuesta, no trastabillen. La mujer no necesita que estés en la cima del éxito, pero sí necesita que tengas una visión y un plan. Recuerda: cuando Adán encontró a Eva, Dios le había otorgado una visión y se hallaba trabajando en el plan. (En otras palabras, mujeres, si es un holgazán y no tiene trabajo, en palabras de la reina Beyoncé «cruza a la izquierda» [to the left, to the left].

Las mujeres necesitan afecto

Por afecto no me refiero a sexo. El sexo puede ser el resultado del afecto, pero no debería ser la motivación. Es muy probable que hayas sido muy afectuoso cuando comenzaste a salir con ella. Seguro la llevabas a cenar, le comprabas obsequios y querías estar con ella. El afecto es uno de los modos de mostrar tu deseo de unidad con ella.

¡Es hora de una historia!

Como ya sabes, Mike y yo hemos estado juntos por un largo tiempo. Cuando éramos más jóvenes, solía hacer muchas cosas imprevistas como regalarme algunas de mis cosas favoritas, escribirme cartas, componerme canciones, aparecerse con algo en mi lugar de trabajo, recordar los aniversarios de momentos importantes. Nunca olvidaré todas esas cosas.

Al principio, este tipo de afecto era fácil, fresco y nuevo. Pero una de las características del afecto es que cuanto más tiempo estás junto a una persona y va pasando la vida, más intencionales deben ser tus expresiones de afecto. No puedes relajarte. Porque, recuerda, el afecto no es lo que una mujer quiere; es lo que necesita.

Con ayuda de algunos recordatorios amigables, puedo decir con honestidad que Mike siempre se ha mantenido dentro del afecto intencional.

Muchos hombres piensan: *No crecí siendo una persona afectuosa. No sé cómo hacerlo.* Pero ánimo, ahora es mejor que nunca para aprender. ¿Puedo escuchar un amén, chicas?

> **CUANTO MÁS TIEMPO ESTÁS JUNTO A UNA PERSONA, MÁS INTENCIONAL DEBE SER TU AFECTO.**

Las mujeres necesitan comunicación

Tendemos a pensar que es natural que los hombres hablen menos que las mujeres. Pero si tienes una esposa y te interesas por ella, debes hacer algunos esfuerzos en esta área, porque ella quiere conectarse contigo por medio de las palabras.

Y puede que el *tipo* de palabras que tu esposa necesite de ti no sean lo que tú te imaginas.

Muchos hombres parecen venir programados para solucionar problemas. Pero tu esposa no siempre necesita que resuelvas el problema que ella te está contando. A veces solo desea hacerte saber cómo se siente o lo que está viviendo. Lo que realmente quiere es que empatices con ella y que la entiendas.

Por ejemplo, una mujer llega a casa y dice algo como: «Oh, Dios mío, creo que Susan, una chica de mi trabajo, está hablando de mí a mis espaldas. Creo que le dijo algo a Jan también, porque la vi mirándome de cierto modo, y no sé qué hacer. ¿Debería confrontarla?»

En ese escenario, la mayoría de los hombres busca ignorar cómo se sintió su mujer, minimizar la situación y ofrecer una solución rápida. Quieren resolverlo y terminar con el tema. Pero la esposa necesita más que eso.

Aquí va algo que puede decir un esposo para empatizar y entender: «Siento mucho que te haya sucedido eso, cariño. También me he sentido así en algunas ocasiones». Tal vez podría dar un ejemplo de cuándo sintió que hablaban de él o alguien estaba en su contra.

Hombre, si estás en ese momento y te sientes como una liebre encandilada, pensando *¿cómo me identifico con esto?* Aquí tienes una gran declaración base. Puedes decir: «¿Qué puedo hacer para ayudarte en este momento, cielo?». Te prometo que, si dices eso, ella te dará la respuesta ahí mismo y no se sentirá ofendida. Puede que diga: «Necesito que me des un abrazo y me digas que todo va a estar bien». O tal vez necesite que tú seas su lugar seguro y alguien que la escuche.

Esposo: tu esposa necesita comunicación.

Y, esposa: tu esposo también tiene sus propias necesidades.

¡He vueltoooo! ¡Gracias, Nat!

No tan rápido. También me gustaría hablarles a las mujeres. Recuerda que me gusta comunicarme.

En Génesis 2:18, cuando Dios dijo: «No es bueno que el hombre esté solo», la primera descripción que da de la mujer es: «ayuda idónea». Chica: tu hombre necesita ayuda. Y sé que algunas de ustedes acaban de decir «¡bah!». Pero en serio, tu esposo necesita tu ayuda. Precisa de ti para algunas cosas en las que solo tú puedes ayudarlo. Mi pregunta es: ¿lo estás haciendo?

Estas son algunas de las formas en las que él te necesita.

Los hombres necesitan ser honrados y respetados

En esta época, esto puede sonar contracultural. Queremos reaccionar diciendo: «¿Cómo es eso? ¿Estás diciendo que las mujeres no necesitan ser honradas y respetadas?» Hoy en día las mujeres son independientes. Tienen trabajos y generan ingresos. Tienen más grados que un termómetro. Merecen honor y respeto. Todo eso es cierto. Sin embargo, de un modo especial y personal, un esposo necesita ser honrado y respetado por su esposa.

¿Qué significa eso? Él necesita que lo tengas en alta estima, que lo elogies y le hables bien de él a los demás. Necesita que le digas lo que hace bien de acuerdo con sus habilidades, cualidades y logros.

Tal vez estés pensando: *¿Cómo puedo honrarlo y respetarlo cuando él mismo no es honrado ni respetuoso?*

Amiga, quiero darte algunos consejos para ayudarte a poner esto en práctica.

1. Permítele fallar

Muchas mujeres están dañando la relación con sus esposos porque actúan como sus madres en vez de actuar como sus compañeras. Los hombres no quieren otra mamá. No quieren a alguien que les diga qué hacer o que intente evitar los riesgos que él decide tomar. Quieren a una persona que los ayude a alcanzar sus metas.

Esto me recuerda la vez que Mike obtuvo una tarjeta de crédito para comprar un gran televisor que en ese momento no necesitábamos. Aunque yo pensaba que no era una compra inteligente, lo dejé tomar la decisión final. Eso significó que tuve que morderme la lengua y sacrificar mi opinión por el bien de nuestra unión. Una cosa que he aprendido en el matrimonio es a escoger mis batallas. No valía la pena entrar en la Tercera Guerra Mundial por una TV.

Finalmente, esa compra dañó nuestra capacidad de crédito y nos costó mucho dinero en intereses. Pero como le permití fallar sin regañarlo como su madre, él acabó confiando en mí y sincerándose acerca de su error, y pudimos crear juntos un plan para el futuro. Honré a mi esposo permitiéndole tomar esa decisión, y lo respeté al no denigrarlo cuando su decisión falló. Chicas: esta es una gran clave para el matrimonio.

2. Que Dios se encargue

Si tu esposo ha hecho algo malo o, en tu opinión, ha cometido un error, discútelo con él, pero no sientas que tu rol es enseñarle qué hacer o corregirlo. El Espíritu Santo guía y trae convicción.

A todas mis chicas solteras o a las que estén saliendo con alguien, les digo que esta es la razón por la cual es tan importante que el hombre en el que estás interesada tenga una relación con Dios. No quieras pelear las batallas que le corresponden a Dios.

Y a todas mis mujeres casadas, esta es la razón por la cual es tan importante orar por tu esposo. La Biblia nos dice que el corazón del rey está en las manos de Dios y que, como el agua, Él puede cambiar su curso (Proverbios 21:1). Él hará lo mismo con el rey de tu hogar.

3. Honra al hombre que quieres que sea, no al hombre que es hoy

Una vez alguien me dijo que hay que elogiar lo que quieres que se repita. Las palabras de afirmación son una de las maneras más fuertes de comunicar tu fe en el potencial de tu esposo. Toma como ejemplo a Mike y la limpieza. Él no es del tipo que «limpia toda la casa y friega los platos mientras yo no estoy». Pero cuando lo veo con una escoba barriendo la casa, me aseguro de decirle: «Oh, ¡cómo me gusta ver a mi hombre limpiando! ¡Lo haces tan bien!» O para alentarlo a seguir entrenando le digo: «Eres tan fuerte. ¡Tus músculos lucen de maravilla!».

De lo que muchas mujeres no se dan cuenta es de que ellas mismas son profetas en su casa. Pueden pronunciar palabras sobre lo que no existe, y los hombres se pondrán a la altura de la situación porque lo creen. Esto me lleva al siguiente gran punto.

Los hombres necesitan apoyo

Una vez escuché decir a una mujer mayor que si el hombre es la cabeza, la mujer es el cuello que la sostiene. Y no hay nada que puedas hacer sin un cuello. ¿Eres un soporte para tu esposo en lo emocional y lo doméstico, con visión para la vida juntos y planes para el futuro?

Estoy con Michael desde hace dieciocho años, y he descubierto que mi apoyo es un ingrediente clave para su éxito. No significa que estemos haciendo lo mismo. Significa que yo lo apoyo de cualquier modo que pueda. Él sabe que sujeto su mano, del mismo modo que él sujeta la mía.

Es difícil para cualquiera —especialmente para un hombre— liderar sabiendo que no cuenta con apoyo. Por favor, no me malinterpretes. Tener un rol de apoyo no es secundario; es necesario. No es un rol débil; conlleva una tremenda fuerza. *Apoyar* es soportar todo o algo del peso y aguantar. Aquí dejo cuatro modos en los que puedes sostener o apoyar a tu esposo:

1.*Presencia.* A veces solo estar presente es suficiente para que un hombre se sienta realmente apoyado.

2.*Aliento.* Un mensaje de texto, una palabra de afirmación, una notita en su lonchera pueden fortalecer la confianza de tu esposo.

3.*Sabiduría.* Puedes tener una perspectiva distinta a la de él sobre una situación, pero tiene potencial de brindarle apoyo y hasta soluciones.

4.*Oración.* Este es el modo de apoyo al que más acudo, porque Dios creó a Michael y Él lo conoce más que yo. Hay ciertas cosas con las que nunca podré ayudar, pero Dios sí puede.

Cuando Michael era pastor de jóvenes, parte de sus responsabilidades era crear el diseño del escenario para la iglesia. Y, la gente decía: ¡Este hombre sí tiene ideas locas con poco presupuesto! Así que yo lo apoyaba. Estaba presente, lo ayudaba a hacer cualquier cosa. Lo alentaba diciéndole que el diseño no era tonto, y que ayudaría a transmitir el mensaje. Le sugería modos de ejecutar nuestros proyectos de manera eficiente. Y, oh, ¡cuánto oraba para que pudiésemos terminar a tiempo! Mirando hacia atrás, ese era un patrón que usaría para darle apoyo hasta el día de hoy. Al contrario de lo que has oído, que una mujer apoye a su esposo es una de las cosas más sagradas que puede hacer.

Por último, pero no menos importante...

Los hombres necesitan sexo

Los hombres no quieren sexo; ellos (dilo conmigo) necesitan sexo. Está comprobado científicamente que la mayoría de los hombres tienen un impulso sexual mayor que el de la mayoría de las mujeres. Esto no es algo malo. En realidad, es algo bueno o, aún mejor, algo que viene de parte de Dios. (Lee el capítulo 6, en el que Mike habla de que el sexo es una idea de Dios).

Y todos los hombres dicen: «¡Amén!»

El apóstol Pablo dice:

El hombre debe cumplir su deber conyugal con su esposa, e igualmente la mujer con su esposo. La mujer ya no tiene derecho sobre su propio cuerpo, sino su esposo. Tampoco el hombre tiene derecho sobre su propio cuerpo, sino su esposa. No se nieguen el uno al otro, a no ser de común acuerdo, y solo por un tiempo, para dedicarse a la oración. No tarden en volver a unirse nuevamente; de lo contrario, pueden caer en tentación de Satanás, por falta de dominio propio (1 Corintios 7:3-5).

En otras palabras, ¡o es tiempo de orar o es tiempo de jugar!

Las esposas también necesitan sexo, pero pareciera que muchas de ellas no lo necesitan tanto como sus esposos. Si eres una esposa y tienes un impulso sexual sano, ¡felicitaciones! Eso es grandioso para ti. Pero otras mujeres deben trabajar en ello. Quizás haya momentos en que una esposa deba satisfacer las necesidades de su esposo, aunque no necesariamente sienta deseo.

Si las mujeres no satisfacen esta necesidad, eso deja un vacío al que los hombres responden de distintas maneras.

Se pueden enojar. Pueden sentirse frustrados. Pueden sentirse descuidados. Pueden decir algo como: «A mi esposa ni siquiera le importo tanto o no me ama tanto como para sacrificar su tiempo o sus deseos para satisfacer esta necesidad legítima».

Cuando esta necesidad no es saciada, la calidad del matrimonio desciende y el hombre comienza a buscar sexo en otro lado. Esto no está bien, pero es la realidad. Y nosotras tenemos la habilidad de salvaguardar nuestro matrimonio y nuestras relaciones siempre que no confundamos nuestros deseos con nuestras necesidades.

CLAVE 2: SABER CÓMO HABLARSE EL UNO AL OTRO

CON LA COMUNICACIÓN, NO SOLO SE TRATA DE CANTIDAD SINO TAMBIÉN CALIDAD.

Ya hemos hablado de que las mujeres necesitan comunicación. Pero, en verdad, los hombres también la necesitamos, aunque tal vez no lo veamos con tanta claridad. La comunicación es crucial para un matrimonio sano y duradero. Y no solo se trata de cantidad sino también de calidad. ¿Sabemos *cómo* comunicarnos?

Habla el lenguaje de amor del otro

El lenguaje es algo interesante. Hoy en día, se hablan más de siete mil idiomas en el planeta. Todos podemos comunicarnos, pero no todos podemos entender.

Pienso en una vez que Natalie y yo estábamos viajando al exterior e intentábamos comunicarnos con una mujer que hablaba otro idioma. Sin importar cuánto nos esforzáramos, señaláramos, lo lento que pronunciáramos, su mirada nos confirmaba que eso no estaba funcionando. La frustración que comenzamos a sentir era la misma que muchos matrimonios enfrentan cada día. Es como si uno hablara mandarín y el otro francés.

A menudo les recomendamos a las parejas que están saliendo que lean *Los cinco lenguajes del amor* de Gary Chapman. Las parejas casadas también deberían leerlo. Chapman describe el lenguaje del contacto físico, del tiempo de calidad, de las palabras de afirmación, de los actos de servicio y el de dar y recibir regalos. Él propone que todos tenemos un modo primario de dar y recibir amor. Si esto te interesa, puedes hacer una prueba en línea para determinar tu lenguaje.

Pero quiero darte el titular: Chapman está en lo correcto. Muchas parejas hablan lenguajes de amor totalmente distintos. Tienen buenas intenciones, pero no saben cómo hacerlo. Al principio, Natalie y yo no sabíamos cómo hacerlo.

Yo pensaba que a ella le gustaban los obsequios, pero en realidad sus dos lenguajes principales de amor son el tiempo de calidad y los actos de servicio. Antes de saber esto, le compraba muchos regalos. Como cinco pares de zapatos al mismo tiempo. Y ella respondía: «Oh, muchas gracias».

Yo pensaba: *Gasté todo ese dinero, ¿y todo lo que puedes decir es "Oh, muchas gracias"?*

Ella prefería mucho más que utilizara mi tiempo para estar con ella, en vez de utilizarlo gastando dinero en la tienda. No me malinterpretes, le gustan los regalos, solo que no tanto como el tiempo de calidad.

En cambio, mis principales lenguajes de amor son el contacto físico y las palabras de afirmación. En la prueba, puedes anotar de 1 a 12. Lo gracioso es que la categoría más alta de Natalie —tiempo de calidad— es en la que yo tuve menos puntos. Ella anotó 12 y yo anoté 1. Eso no quiere decir que no deberíamos estar juntos. Solo significa que tenemos que trabajar duro para comunicar nuestro amor al otro, de modo que ambos lo podamos recibir.

A Natalie, las palabras de afirmación no le salían naturalmente, así que tuvo que inventarse maneras creativas de hablar ese lenguaje. De hecho, hasta buscó en Pinterest cómo hacerlo. En consecuencia, compró *post-its* para escribir notas de afirmación, cosas como: «hoy serás un campeón» o «eres muy apuesto». Luego los pegaba en el espejo del baño, de modo que mientras me preparaba para salir al trabajo, yo podía leer esas palabras que me alentaban, apoyaban y afirmaban.

Lograr el hábito de hablar el lenguaje de amor del otro puede ser duro y cansón, pero es un trabajo que vale la pena. Puede transformar enormemente tu relación y hacerla más satisfactoria al traducir tu amor en un mensaje que sea recibido y comprendido.

Conoce el poder de tus palabras

Ya he aludido a Proverbios 18:21 para hablar del «poder de vida y muerte» que hay en la lengua. Si eres como yo, has oído ese versículo muchas veces en tu vida. ¿Pero realmente lo creemos? Si lo hiciéramos, hablaríamos más como nos dice Efesios 4:29: «Eviten toda conversación obscena. Por el contrario, que sus palabras contribuyan a la necesaria edificación y sean de bendición para quienes escuchan».

ERES AMADO TAL COMO ERES

Dios hizo a los esposos y esposas para satisfacer sus necesidades mutuamente. Pero la presión no está *toda* puesta en ellos dos. De hecho, cada persona necesita tres cosas que una pareja no puede brindar: identidad, propósito y aceptación.

La vida intenta catalogarte, pero Cristo te ha dado identidad. Antes de ser una esposa, un esposo, una mamá, un papá, un dueño de un negocio, un graduado, una hija, un hijo o un atleta, tenías una identidad. Dios dice que eres llamado, amado, significativo, perdonado, su obra maestra y su hijo. La identidad solo puede ser otorgada por Dios. La Biblia dice que antes de ser formado en el vientre de tu madre, Dios ya te conocía.

Creemos que el propósito es revelado, pero solo es revelado por el Creador. No vas con el mecánico del carro para descifrar cómo funciona tu teléfono celular. Vas con el creador de ese producto para encontrar el propósito por el cual fue creado. Del mismo modo, una relación no puede darte tu propósito. Puede ser parte de un propósito, pero este solo viene del Creador, Dios.

Cuando Cristo pagó el precio por los pecados de la humanidad, nos aceptó como somos, de algún modo dañados, pero, aun así, un tesoro invaluable en una tienda vintage. Nuestras limitaciones, peculiaridades, los momentos en los que brillamos; desde las cosas grandiosas de nosotros hasta las más horribles, y todo lo que está en medio de eso. Sí, tu cónyuge puede aprender a amarte y a aceptarte incondicionalmente, pero Dios ya lo hace.

Yo soy de mi amado, y mi amado es mío.

(CANTARES 6:3)

Escucha esta afirmación: tus palabras están o construyendo a la persona con la que quieres estar casado o derribando a la persona con la que debes estar casado. (No te sientas mal si debes leer esa oración dos veces… o tres).

Quizás estés pensando: *No puedo utilizar un lenguaje positivo porque tenemos demasiados problemas. No nos estamos llevando bien.*

Puedes pensar en algo bueno que decir. Tu cónyuge no hace todo mal. Reprime los comentarios de crítica. Encuentra algo para elogiar. Eso ayudará a tu pareja y te recordará las cosas buenas de la persona que has elegido para casarte.

CLAVE 3: SABER CÓMO RESOLVER EL CONFLICTO

EL CONFLICTO PUEDE SER ALGO BUENO, PERO NO PERMANEZCAS EN ÉL.

El conflicto va a aparecer en todo matrimonio. Puede que llegue a ser algo bueno si saca a la luz las diferencias y evita el rencor secreto. Pero no quieres *permanecer* en el conflicto. Quieres diferir de un modo que fortalezca la unidad sin dejar cicatrices.

Acaba con las expectativas tácitas

Cuando no hablas acerca de tus expectativas desde un principio, te estás disponiendo a ti y a tu pareja al fracaso. Tal vez sientas que tu marido o mujer ya sabe lo que tú quieres, pero en realidad, puede que no lo sepa. Entonces, si no comunicas lo que quieres, le arrebatas a la otra persona la oportunidad de cumplir con tu expectativa o necesidad.

Justo después de casarnos, tuvimos una cita. En ese momento no teníamos mucho dinero y conducíamos una furgoneta sin aire acondicionado. Ese día hacía mucho calor y estábamos hablando de eso, justo cuando decidimos pasar por una gasolinera.

Al llegar, yo me bajé del carro para poner gasolina y Natalie dijo: «Iré por algo de beber».

Unos minutos después, ella salió de la tienda con un vaso y una dona. Yo no podía creerlo. Aunque en ningún momento le había pedido que me comprara un refresco, estaba seguro de que lo haría porque habíamos estado hablando del calor que hacía. Y allí estaba ella, sin nada para mí. Para empeorar las cosas, su bebida era té dulce, que ni siquiera me gusta. Así que ni siquiera podíamos compartirla.

Cuando Natalie volvió al auto, yo echaba humo. La miré mientras bebía largos tragos de su té «egoísta». Se me hizo una laguna mental, y de repente la vi dar un mordisco a su dona. Cogí su dona y la arrojé por la ventanilla, encendí la furgoneta y me largué de ese aparcamiento.

Podrás imaginarte la discusión. La cita quedó arruinada. De hecho, los siguientes dos días quedaron arruinados, porque eso fue lo que nos tomó para superar nuestro enojo.

Lo que realmente sucedió allí fue que hubo una expectativa tácita. Yo nunca *dije* que quería que ella me comprara un refresco y algo para merendar; simplemente había *asumido* que lo haría. Natalie no lo sabía porque yo no lo dije. Era una expectativa que no fue verbalizada.

Ese es un ejemplo insignificante. Pero estas cosas pueden escalar muy rápido y volverse serias.

Presta atención a las palabras
y al tono de voz que empleas

Otra herramienta para ayudar a resolver el conflicto es procurar que la elección de tus palabras sea beneficiosa y deje por fuera lo banal. Al decir *banal* me refiero a las emociones secundarias. Son la reacción a cómo te sientes realmente. Estás enojado. Estás frustrado. Está bien. Pero ese no es el verdadero problema o la verdadera raíz. Si hablas desde tu enojo puede que te sientas mejor, pero eso no resolverá el problema. Es algo difícil de lograr. Es más fácil compartir tus emociones secundarias que ser lo suficientemente vulnerable para decir lo que realmente te hirió o hasta siquiera admitir que te sientes herido.

El problema real es lo que te hizo sentir lastimado en primer lugar. Solo puedes llegar al verdadero problema siendo gentil y humilde.

Para ser honesto, yo me sentí herido porque Natalie no me compró un refresco en la gasolinera: sentí que no le importaba. Pero lo expresé por medio de una emoción secundaria —el enojo—, y arrojé esa dona neciamente, como si fuese un jugador de fútbol americano.

No le grites: «¿¡Dónde estabas el viernes por la noche!? ¿Acaso no sabes que es noche de cita? ¡Honestamente, esto me molestó!». Eso es banal.

Mejor di con gentileza: «Cariño, el viernes por la noche te olvidaste de nuestra cita y te quedaste pasando el rato con tus amigos. Eso hirió mis sentimientos y me hizo sentir que yo no era una prioridad en tu vida».

Puede que la primera manera de abordar el asunto te haga sentir mejor en el momento, pero pondrás a la otra persona a la defensiva y eliminarás la posibilidad de resolver las diferencias. El segundo abordaje favorecerá los resultados que deseas obtener. El asunto está en el tono y la elección de palabras. Piensa antes de hablar.

DESBLOQUEA EL ÉXITO EN TU MATRIMONIO

Como dijo Michael en el capítulo anterior, el plan de Satanás es dividir y reinar, pero el plan de Dios es unir y reinar. Puedes ponerte del lado de Dios al buscar la unidad en todo momento.

Muchas de las cosas de las que hemos hablado en este capítulo (¡gracias por sumarte, Nat!) son útiles en todas las relaciones importantes. Pero son totalmente cruciales en el matrimonio. Para repasar...

- Comprende que los hombres y las mujeres suelen tener necesidades diferentes. Algo que es un deseo para uno de los dos puede ser una necesidad para el otro, y mejor que el cónyuge intente satisfacerla o se creará un déficit serio en la pareja.
- Haz el esfuerzo de aprender lo que mejor funciona en la comunicación con la persona con la que te casaste. Expresa tu amor de un modo que sea bien recibido. Construye; no destruyas.
- Van a surgir discusiones, pero cuanto más puedas hacer para evitar discusiones innecesarias o para llegar a conclusiones productivas, menor será el daño que produzcan las peleas.

Si vas a ganar en el matrimonio, necesitas de estas grandes claves. Haz de ellas tus metas en el amor para desbloquear un matrimonio que te ayude a cumplir con el propósito de tu vida y sea para el mundo una prueba de que el amor es posible.

CONCLUSIÓN DAR EN EL BLANCO

Al finalizar este libro, Natalie y yo estaremos celebrando nuestro décimo aniversario de casados (esta es la parte de los fuegos artificiales). Quizás a ti no te parezca una gran cosa, pero para nosotros es un milagro. Es un milagro porque con las piezas rotas que le entregamos a Dios, Él hizo una obra de arte. Es una relación que está bellamente tallada, continuamente trabajada, y sellada en sacrificio.

Sé que estarás pensando: *¿Alguna vez daré en el blanco? ¿Se logra alcanzar alguna vez las metas en la relación?* Y te digo que la respuesta es un rotundo sí. Pero es un camino, no un destino. Incluso después de una década de matrimonio, Natalie y yo todavía estamos intentando alcanzar el objetivo que Dios puso en nuestra relación.

Sabes tan bien como yo que este libro no es el final en nuestro proceso de aprendizaje sobre las relaciones. Solo espero haberte convencido de que, para el resto de tu vida, permitas que la Palabra de Dios y su Espíritu te guíen a descubrir más sobre cómo relacionarte adecuadamente con las personas y puedas ayudar a tus amigos y tus seres queridos a tener mejores relaciones también.

PON TU FE EN EL LUGAR AL QUE PERTENECE: EN DIOS

Tal vez mientras leías este libro tomaste una decisión que puede alterar el curso de tu vida. Has decidido iniciar una nueva relación o terminar una mala. O tomarte una pausa con alguien con quien sales para enfocarte en tu relación con Dios. O plantear algunas pautas de conducta antes del casamiento. O recomprometerte en tu matrimonio. O resucitar un viejo sueño que pensabas había muerto dentro de ti. O hacer de nuevo a Dios tu prioridad.

Sea lo que sea, estoy orgulloso de ti. De eso se trata *La meta es el amor*, de reenfocar el objetivo. Y déjame asegurarte que puedes dar en el blanco.

Aun si no puedes recordar con cuántas personas te acostaste y todavía te sientes terriblemente solo; aun si los malos recuerdos y las compañías estúpidas que tuviste en el pasado parecen no abandonarte nunca; aun si te divorciaste tres veces; aun si te das cuenta de que alejarte de todos tus amigos, cuya mala compañía te está corrompiendo, te dejará más solo por un tiempo; aun si has intentado ser fiel a Dios y has fallado muchas veces, y el pensamiento de probar otra vez te hace sentir débil... Aun así, la próxima vez puede ser diferente.

NO ESTÁS PONIENDO TU CONFIANZA EN TI MISMO SINO EN DIOS.

Y puede ser diferente porque no lo estás haciendo solo. No estás poniendo tu confianza en ti mismo. No estás poniendo tu confianza en el ejemplo de un amigo o familiar, como si fuera algo que por defecto tienes que imitar. No estás poniendo tu confianza en el perfil de una red social, en una aplicación de citas o en un curso de «cómo ganar amigos e influir sobre las personas». La estás depositando en Dios.

Recuerda que, como cité anteriormente en este libro, «Dios trabaja en ustedes y les da el deseo y el poder para que hagan lo que a Él le agrada» (Filipenses 2:13, NTV). Creo que después de leer este libro ya tienes el deseo. Ahora Él te dará también el poder. Él va a ayudarte a encontrar relaciones que lo honren, al mismo tiempo que te den mayores satisfacciones y posibilidades de realización.

LA VUELTA

Te aseguré en el capítulo 1 que sería honesto contigo. La verdad es que escribí este libro porque, desafortunadamente, yo tuve una sola consigna acerca de las relaciones: «No tengas sexo antes de casarte». Eso no me ayudó para nada. Espero que *La meta es el amor* sea de valor para ti, tus amigos, tus hijos, tus nietos y todo aquel que desee estar en una relación. Hubiera deseado que alguien me diera esta información a mí. Me hubiera ahorrado un montón de dolores y me hubiera evitado lastimar a otros.

De la única cosa que soy un testimonio viviente es de la gracia de Dios. Aunque metí la pata, Él convirtió eso en parte de su plan. Romanos 8:28 dice: «Ahora bien, sabemos que Dios dispone todas las cosas para el bien de quienes lo aman, los que han sido llamados de acuerdo con su propósito». No importa cuál sea tu estado relacional actual, hay esperanza para ti. Nuestra esperanza está en Jesús. Y déjame contarte un secreto: Él quiere que tus relaciones sean exitosas más de lo que tú mismo deseas.

Así que, al apuntar a la meta, recuerda que se trata de un progreso, no de la perfección. Cometerás errores. Elegirás algunas malas relaciones. Incluso algunas veces pecarás. Pero gracias sean dadas a Dios por Jesús, porque donde abunda el pecado, sobreabunda la gracia (Romanos 5:20).

En esta etapa de mi vida me toca ir a un montón de bodas, y en ellas se baila un baile muy popular que se llama el bamboleo. Si nunca lo has visto bailar, es básicamente un movimiento para adelante y para atrás que se basa en una llamada y una respuesta del DJ. Pero hay una parte de este baile que es central: la vueltita. Nunca falla, en cada boda hay alguno que no hace la vuelta.

Okey, pero ¿qué tiene que ver la vuelta con las metas en el amor?

Así como en el baile, esta es también una parte central de tu camino con Cristo: la vuelta.

Hechos 3:19 dice: «Por tanto, para que sean borrados sus pecados, arrepiéntanse y vuélvanse a Dios». Muchas personas se quedan varadas en el vaivén de las relaciones: El vaivén de los ciclos, el vaivén de la pureza sexual, el vaivén de ceder a la tentación, el vaivén del descontento. Pero se olvidan de la vuelta. Arrepentirse es dar la vuelta. Es devolverse de un sitio y volverse a otro. No sé con seguridad de qué lugar te estás devolviendo, pero sé a dónde necesitas volver: a Jesús.

> NO SÉ CON SEGURIDAD DE QUÉ LUGAR TE ESTÁS DEVOLVIENDO, PERO SÉ A DÓNDE NECESITAS VOLVER: A JESÚS.

La bendición de volver es lo que las Escrituras siguen diciendo: «...a fin de que vengan tiempos de descanso de parte del Señor» (Hechos, 3:19). Y esto es lo que le pido a Dios para tus relaciones, que halles descanso. Que tu relación de noviazgo sea renovada, que tu relación matrimonial sea renovada, que tus relaciones familiares sean renovadas. Deseo que todas tus relaciones vuelvan a ser nuevas.

Entonces, no te quedes ahí atascado en el vaivén. Aprende a dar la vuelta. ¡Es tiempo de ganar en todas tus relaciones!

AGRADECIMIENTOS

Cada logro de mi vida ha sido el resultado del apoyo en amor y en oración de algunas personas muy importantes, y este libro no es la excepción. He sido bendecido y rodeado por una multitud de personas que realzan, ejecutan y creen en la visión que Dios me ha dado. Me gustaría dedicar un momento para expresar mi reconocimiento por mi comunidad, mi equipo de trabajo y mi familia.

A mi esposa y mucho más, Natalie Diane Todd: tu amor por mí es extraordinario. Gracias por no darte por vencida a pesar de mis deficiencias, mi inseguridad e inmadurez. Tus oraciones, tu gracia y tu paciencia me permitieron crecer hasta ser el hombre que hoy soy. Gracias a nuestros hijos: Isabella, Michael Jr. y Ava: ustedes traen acción a mi vida. Me afirman, me alientan y me impulsan mucho más allá de mi comprensión del éxito. Por siempre serán mis compañeros, mi pasión y mi propósito.

A mis padres, Tommy (alias «el Capitán») y Brenda Todd. Gracias por su sabiduría abundante y su fe inquebrantable en mí. Su ánimo, sus oraciones y ejemplo de fe me formaron hasta ser quien soy. Gracias por mostrarme cómo llevar una familia con amor incondicional, gracia abundante y fortaleza. Gracias por ser la mayor representación del amor del Padre celestial aquí en la tierra.

A mi hermano, Brentom Todd, gracias por estar indiscutiblemente dispuesto a hacer todo lo necesario para cuidar de mi salud, mi éxito y mi sustento. Te saliste de tu rol de hermano en mi vida y me cuidaste como un amigo. Sin tu compromiso, resiliencia y determinación, yo no podría hacer lo que hago hoy. Te amo, hermano.

A Brie y Aarón Davis, los amigos que se volvieron la hermana y el hermano que nunca supe que necesitaba. Gracias por su autenticidad persistente en nuestra amistad. A través de cada proyecto fallido y cada aventura exitosa, han sido siempre ese sistema de apoyo que tanto me bendice. Gracias por hacer este viaje conmigo y ser todo lo que siempre necesité que fueran. Y gracias por permitirme usar su casa como mi oficina personal para escribir el libro.

A Amber Guipttons, mi extraordinaria asistente ejecutiva, gracias por mantener mi vida y a mi familia tan bien estructurada. Ninguna tarea es demasiado grande y ningún problema es imposible de resolver para ti. Tu compromiso hacia nuestra familia nos da la fuerza para vivir una vida equilibrada y llena de emoción. Esperamos subir muchos más escalones memorables contigo a nuestro lado.

A Trey Thaxton y Jonathan Vinnet, gracias por ilustrar las visiones de mi corazón con tanta claridad. Durante años ustedes han hecho que mis palabras cobren vida y se iluminen con ideas que yo jamás podría llegar a expresar. Su habilidad de ver más allá de lo tangible me ha concedido el privilegio de crear con la confianza de que mi visión sería interpretada correctamente para el mundo. Gracias por crecer conmigo en este camino de creatividad que siempre evoluciona.

A Alex Fields, mi agente literario, gracias por jugar ese rol instrumental que ha hecho que este sueño se vuelva realidad. Gracias por tu guía, apoyo y confianza en el proceso de este proyecto. Has estado a mi lado a cada paso del camino, compartiendo tu sabiduría, dándome tu guía y brindándome el coraje cada vez que fue necesario. Gracias por creer en la visión que me fue dada; gracias por creer en mí.

A Eric Stanford, gracias por tus muchas contribuciones a este proyecto. En gran medida, sin ti esto no hubiera sido posible. Tu competencia en la esfera literaria aseguró que este libro fuera creado e interpretado con excelencia. Gracias por tomarte el tiempo de compartir esa experiencia conmigo y de convertirla en algo que nunca olvidaré.

A Melody Dunlap, mi hermana espiritual y amiga, gracias por usar tu amplia variedad de talentos para realzar cualquier proyecto en el que te pedí que me acompañaras. Desde la adolescencia a la adultez, has sido la asistente y ejecutora de cada idea alocada e innovadora que yo he tenido. Gracias por continuar en este camino conmigo.

A las parejas cuyas historias están representadas en estas páginas, gracias por su transparencia, por atreverse a mostrar su vulnerabilidad y por su generosidad perdurable. Su compromiso con la sanidad y la restauración dará sin duda el resultado deseado, y mucho más en las vidas de aquellos a quienes este proyecto está dirigido. Gracias por confiar en mí, por permitir guiarlos a un lugar de descanso y redención.

Al equipo de WaterBrook, gracias por su compromiso a la hora de ejecutar y completar este proyecto. El gozo, el entusiasmo y la energía que ustedes me brindaron hace de esto una experiencia inolvidable. Su atención al detalle y la concentración en las pequeñas cosas me hicieron sentir seguro de que estaba trabajando con el equipo correcto. Todo su arduo trabajo y sus esfuerzos se aprecian en cada página.

A la Transformation Church y TC Nation (Iglesia Transformación y Nación TC), ¡esto es para ustedes! Gracias por su amor, por su apoyo y por sus oraciones por mí y mi familia. El afecto incansable que sentí de parte de ustedes me motiva a continuar hasta ver el cumplimiento de mi propósito.

Al equipo de TC, gracias a todos por su continua dedicación y compromiso con la visión y los socios de TC. Gracias por permitirme representar a Dios fuera de las paredes de nuestra iglesia. Me siento humildemente honrado de ser su líder.

SOBRE EL AUTOR

Michael Todd es el pastor principal de Transformation Church en Tulsa, Oklahoma. Su pasión es presentarles a Dios a quienes perdieron el camino y lo reencontraron en Cristo. Michael participa en charlas, conferencias y eventos en diversas iglesias de renombre, como Elevation Church, C3 Conference, Lakewood Church, VOUS Conference, Relentless Church, XO Conference, entre otras. Michael y su esposa Natalie se casaron en 2010 y viven en Tulsa con sus tres hijos.